KALPTEKİ NOKTA

"Ruhumun Işık Kaynağı"

Michael Laitman

ISBN: 978-1-77228-096-8

© Laitman Kabbalah Publishers

YAZAR: Michael LAITMAN

www.kabala.info.tr

KAPAK: Laitman Kabbalah Publishers

BASIM TARİHİ: 2023

Önsöz

İnsanların şu an yaşadığı süreç çok enteresan bir zamandır. İnsanlar, bu dünyada ellerinde olan bol olanaklardan hiçbir şekilde tatmin olamamaktadırlar. Hayatı günübirlik geçirmekten başka bir şey yapmadığımız için, bu dünyanın bizlere küçük geldiğini hissediyoruz ve daha fazlasını arıyoruz.

Bu kitapta, Kabalist Dr. Michael Laitman'ın her sabah verdiği günlük derslerinden alınmış en özel bölümleri okuyucularımıza sunacağız. Kabalist Dr. Michael Laitman'ın dersleri her gün www.kabala.info.tr adresinden yayınlanmaktadır.

Seçtiğimiz her bölüm, hayata dair sorduğumuz en hassas sorulara kesin bir şekilde cevap verir. Bu kitaptaki bölümler, Zohar ve bilinen diğer Kabala kitaplarından derlenmiştir. Bu kitap herhangi bir şekilde "Kabala Dersleri" değildir. Amacımız, okuyucuya daha önce hiç tanımadığı yeni prensipleri vermektir; kalbinin en derin noktalarından bu ilmin vereceği en yüksek düşüncelere varması için yazılmıştır.

Bnei Baruch Eğitim ve Araştırma Enstitüsü

Kalpteki Nokta

Michael Laitman

Editör

Kabala Bilgeliği çok geniş ve ileri bir ilim olmakla beraber, hislerin ve hazların ilmidir.

Okuyucularımızı bu ilmin tadına bakmaya davet ediyoruz.

Michael Laitman

Kalpteki Nokta

Kalbimizdeki bu noktayı hissettiğimiz zaman, bu bizim için bir maceranın başlangıcıdır, bizi yüksek ve yeni seviyelere çıkaracak olan çok enteresan bir maceradır.

Başarıya Ulaşmak

Gelin, bir sabah uyandığımız zaman, gerçeklik yasasını bilerek uyandığımızı hayal edelim.

Hayatımızda iyiliğimiz için neleri yapmamız gerektiğini ve nelerden sakınmamız gerektiğini anlardık. Sanki çocukluğumuzda olduğu gibi neşeli ve heyecan dolu bir hayatı yaşamak mümkün olabilirdi.

Niçin böyle olmasın? Niçin başarılı bir şekilde yaşamayalım? Neden her zaman korku dolu, tehlikeli bir şekilde koşturarak yaşayalım? Niçin daima korku ve geleceğin bizden saklandığı bin bir türlü zorlukla mücadele ederken karanlık içinde yaşayalım?

Şayet bu genel kanunu keşfedersek, daimi olarak başarılı bir hayat yaşayabiliriz.

Üst Kanun

Kabala Bilgeliği üst dünyaların ve bütün yaratılışın ilmidir.

Doğadaki bütün gerçeklik bir kanun altında işler; Doğa veya Yaradan'ın kanunu olan evrensel sevgi, iyilik ve harmoni kanunu ile. Kabala İlmi, bize bu kanunu tanımamız ve bu kanun üzerine hayatımızı kurmamız için verilmiştir.

Bu hayatta normal bir şekilde yaşamamız için biyoloji, kimya, fizik gibi bilimleri öğrenmemiz gerektiği gibi, Kabala Bilgeliğini de öğrenmemiz gerekiyor. Yaşam tarzımızı bu bilgeliğin öğrettiği gibi düzenlersek, birçok ıstıraptan kaçınıp tabiatın harmonisine uyumlu bir şekilde, sevgi ve neşe içinde yaşayabiliriz.

Doğanın genel kanunu; Yaradan, sevgi ve ihsan etmedir.

İnsanlar yaptıkları her harekette, bulundukları toplumun esiridirler. Kalın zincirlerle başkalarının görgü, ahlak ve zevklerine bağlıdırlar.

Bize bunları neslin en büyük Kabalisti Yehuda Leib HaLevi Aşlag "Özgürlük" adlı makalesinde yazmıştır. Kendisini "Baal HaSulam" olarak tanırız.

Uzun Bir Maraton

Elimizde her olanağa sahip olmamıza rağmen hiçbir şey bizi tatmin etmiyor.

Şimdilik bu oyunu sürdürebiliyoruz. Devamlı olarak bir maratondaymış gibi, zevk, maddiyat, saygı ve kontrol etme arzularının peşinden koşmaktayız.

Birbirimize baktığımızda ise kimseden farklı olmadığımızı anlıyoruz. Her zaman kendimize yeni bir hedef seçerek o zevkin peşinden ilerlemekteyiz.

O zevki tatmin ettiğimizde ise, kendimizi tekrar bir boşluk hissinde buluyoruz.

Tüm bunların sebebi, kalbimizden gelen sesi duymak istemeyişimiz. Kalbimizden gelen bu ses, "Bu dünyaya niçin geldim?" gibi zor sorulardır. Fakat tüm bu sorular, kalbimizdeki o noktayı bulmamıza yardımcı oluyorlar.

O noktayı hissetmeye başladığımızda, bize olan tüm bu hallerin yukarıdan geldiğini hissetmeye başlarız.

Sanki gözlerimiz kapalı, herkesin nereye koştuğunu bilmediği bir yere doğru koştuğumuzu hissederiz.

Michael Laitman

Kalpteki Nokta

Bu koşunun sonunda ise vardığımız yerde bir tat olmadığını anlarız. Kalbimizden yükselen bu ses, bizi fiziksel, geçici zevklerin cazibesini yitirdiği daha yüksek seviyelere getirir.

Kabukların Işığı. Bir milyon dolar bizi mutlu ederse buna "Kabukların Işığı" denir.

Altın İplik

Herkesin hayatta bir defa veya birkaç defa orada veya burada kalbindeki noktası uyanır. Bazen öyle hissedersin ki sanki bir boşluktasın. Bazen öyle hissedersin ki sanki karanlıktasın. Bazen her şeyi sebepsiz zannedersin ki fiziksel dünyadasın. Anlamalısın ki kalpteki noktan Üst Güç tarafından böyle uyandırılır. Kalpteki nokta; Ruhun başlangıcı, Sevgiyi bulmak için Altın ipliğin ucu...

Postacı Geliyor

Bizlere "Hayatın Anlamı Nedir?" gibi düşünceler geldiğinde, tüm bu düşüncelerin bize Üst Güç tarafından yollandığına dair bir işarettir. Bu durum, Üst Gücün bizlerle bir nevi iletişime geçme isteği gibidir.

Sanki postacı kapımızı tıklatıp, "Sizin için bir paket var," demektedir.

Üst Gücün bizimle kurduğu bu iletişimi anlamamız için çok hassas ve dikkatli olmamız gerekmektedir.

Kapıyı açıp bu paketi kabul ettikten sonra, bu paketin bize Üst Güç tarafından yollandığını anlamalıyız. Tüm düşüncelerimizi O'na yönlendirirsek, bu iletişimi daha da güçlendirebiliriz. Fakat çalan kapıyı açmaya üşenip, "Paketi oraya bırak daha sonra alırım!" dersek, Üst Gücü bizden uzaklaştırmış oluruz.

7

Kalpteki Nokta

Michael Laitman

Bize verilen bu fırsatı kaçırmamak çok önemli bir noktadır.

Yaradan'ı keşfetmek - Manevi dünyaları keşfetmek İçimizde

Şimdi ve Burada!

Manevi dünyalara ne trenle ne de uçakla gidilir. Manevi dünyalar içimizdedir.

İçimizde bulunan manevi dünyaları hissetmek için sadece buna yönelik bir arzuyu yükseltmeliyiz. Duyularımızı güçlendirmeliyiz. Duyularımızı sonuna kadar açmalıyız. Şimdi, burada, bu dakikada.

Ve o zaman kendimizi sonsuz, bitmeyen bir maceranın içinde buluruz. Manevi dünyamızın günden güne büyüdüğünü ve derinleştiğini hissederiz.

Kıymetli Düğme

Günümüz teknolojisinde ekranın karşısına oturup dünyanın her tarafını görebiliyoruz. Diyelim ki bir televizyon kanalına bakıyoruz, fakat bu kanalın Kabalistik bir kanal olabileceği aklımızın ucundan bile geçmiyor.

Kalpteki noktam uyanmaya başladığı zaman, şimdiye kadar gördüğüm kanaldan sıkılmaya başlarım. İçimden gelen bir his, kumandaya uzanıp başka bir kanala geçmemin daha iyi olacağını söyler.

Ve yavaş yavaş, bugüne kadar gördüğüm dünyadan başka dünyaları görebilmemin mümkün olduğunu anlarım. O kumanda düğmesiyle yeni bir kanala geçmenin mümkün olduğunu anlarım.

Böyle bir şeye kendimizi hazırlarsak, o düğme kendiliğinden işler ve hem eski hem de yeni kanalı görmeye başlarız.

Böylece iki dünya içimizde birleşir.

Ego ve Sevgi Hakkında
İnsanın Egosu

Çevremdeki diğer insanlara baktığımda, onların başarılarını, kıskançlık ve nefret hisleriyle kendi yararıma kullanmak istediğimi görürüm.

Başkalarının kendimizden daha üstün ve başarılı olmasını kabul edemeyeceğimiz, açık bir gerçektir.

Onların daima kendimden bir kat daha aşağı olmalarını umarım. Kendimizin onlardan daha başarılı olması bize gurur verir.

Tüm bu haller egoizmimizi uyandırır.

Özgürlüğe Çıkma Zamanı Geldi!

İçinde yaşadığımız ve hissettiğimiz doğanın gerçek programı Egoizm'dir.

Çevremizdekileri kullanarak başarı ve güç arayıp bunlarla kendimizi zevkle doldurmak, tüm varlıkların karakteridir.

Bu karakterin esiriyiz. Tabiat bütün dikkatimizi çeker ve bizi yalnızca kendimizi düşünmeye mecbur bırakır.

Özgür olmak her varlığın elindedir. Egoizm doğa tarafından verilmiştir.

İçimizdeki herhangi bir özelliği yok etmek bizlere yasaklanmıştır. En kötülerini bile. Yeni bir şey yaratmıyoruz. Sadece mevcut özelliklerimizle çalışma şeklini öğreniyoruz.

Zıtlık!

SORU: Niçin böyle bir doğa ile yaratıldık? Neden sonunda bunu düzeltmek zorunda kalacağız?

CEVAP: Biz dünyayı zıtlıkları ile tanıyabiliriz; sıcak-soğuk, siyah-beyaz. Daima her şeyi birbirleriyle kıyaslayarak hissederiz. Her şey beyaz olsaydı, hiçbir şey hissedemezdik. Tam tersi, her şeyin siyah olduğu zıt bir durumda da hiçbir şey hissedemez, her şeyi siyah görürdük.

Daima zıtlığa ihtiyacımız vardır. Renklerin farklı olmasıyla, duygularımızın farklı olmasıyla, sürekli aradaki farkı hissederiz.

Yaradan, sürekli sevgi ve ihsan duygusudur. Biz yaratılanlar tam ters bir özellikte yaratıldık. Egoizm ve kendimizi sevme! Şayet böyle yaratılmamış olsaydık, Yaradan'ı hiçbir zaman hissedemez ve tanıyamazdık. Bu sebepten dolayı, egoizm bize yardım etmek için verildi.

Yaradan, sevme ve ihsan etme arzusudur.

Yaratılan, kendi için alma arzusudur. Biz yaratılanların ters olması, O'nun bizden gizli olmasının sebebidir.

Islah Olmak: Yaradan gibi sevgiyle verme niteliğini edinirsek, Yaradan'ı hissetmeye başlarız.

Sevgi

Diğerine kendime davrandığım gibi davrandığım ve O'nun arzularını doldurabildiğim zaman, sevginin ne olduğunu anlarım.

Michael Laitman

Kalpteki Nokta

Sevgi'nin Gerçekliğine Ulaşıyoruz

SORU: Çevremdekiler sadece kötülüğümü isterlerse, bu durumu değiştirmek için ne yapabilirim?

CEVAP: Umut ettiğimiz karşılıklı sevgi, yaratılanların egoları içerisinde oldukları sürece hiçbir şekilde ulaşamayacakları bir sevgi halidir. Başkasını sevmem kendi iyiliğim içindir.

Ego içerisinde sevmek, aynen balık sevmek gibidir. Sevdiğimiz bize daima zevk vermelidir. Bu zevk kesildiği anda, sevginin yerini nefret alır.

Şimdiye kadar tanımadığımız başka bir sevgi de olabilir; egoist doğamızın dışında olan bir sevgi. Tüm varlıklar, birbirlerine şu an hissedemedikleri bir sistemle bağlı olduklarını anlarlarsa, başkalarına karşı bambaşka sevgi hissine uyanırlar.

Bu sevgi şeklinin ötesinde, daha başka bir sevgi şekli de olabilir. Karşılıklı özel bir bağlantı, bir nevi sevgi ağı.

Bu sevgi, şimdiki formumuzda anlayamadığımız bir algıdır.

Bilindiği gibi, sevmek ve sevilmek en yüksek duygulardan biridir.

Bu formda sevgi, egoizmimizden kurtularak tüm hislerimizin üzerinde, yepyeni bir haliyle doğar.

Doğuştan alıştığımız bencillik duygusunun yerine, özgecilik duygusuna dönüşür. Manevi hissiyatın başlangıcında oluruz.

Varlıklar, bu manevi duyguyu hissetmeye başladıkları zaman, insanların birbirlerine yaptıkları tüm kötülüklerin, tamamıyla esiri oldukları kendi egolarından geldiğini anlayacaklardır. Hayattaki en önemli görevimiz, bize doğuştan verilen bu egoizmi, sevgiyle değiştirmektir.

Kalpteki Nokta

Michael Laitman

Manevi Sosyal Bağ!

SORU: Neden insanlar birbirleriyle konuşacaklarına, birbirlerine e-mail veya sms yollayarak iletişim kuruyorlar?

CEVAP: Bu nesilde egonun çok yükselmesinden dolayı, insanlar yeni teknolojik yöntemlerle birbirleriyle sanal ortamda iletişim kurmayı tercih ediyorlar. Bu demek değil ki başkalarıyla ilgilenmiyorlar. Bu sistemle, yerimizden kalkmadan, daha rahat muhabbet edebiliyor ve böylelikle çevremizdeki insanlardan kendimizi uzak tutabiliyoruz.

Bu durumun sebebini anlamak için daha derine inmemiz lazım. Kökümüzde sadece alma duygusunun olmasından ve bu duygunun çok gelişmiş olmasından dolayı, fiziksel iletişim yerine daha derin bir birlikteliğin manevi noktasını arıyoruz. Bu seviyeye gelinceye kadar, teknolojinin olanakları ile avunuyoruz.

İleride, bu sanal iletişim tarzı bizleri tatmin etmeyecek ve daha derin bir iletişim şeklini arayacağız. Bu, manevi bağdır. Fiziksel birliktelikten uzaklaştıkça, manevi bağa olan ihtiyacımız artıyor. Fakat manevi bağı henüz tanımadığımız için, bu dünyamızda sanal iletişim yöntemi ortaya çıktı.

Manevi bağı hissetme arzusu, insanlar arasında önemli bir yere sahiptir. İnternet tamamıyla manevi bağımızı oluşturamaz, fakat insanlar bu yöntemle çok daha yakınlaşıp ilişkilerini farklı bir yöne sürükleyebiliyorlar.

Yaradan, tek bir ruh yarattı ve bu ruhu binlerce parçaya böldü. Tekrar birleşebilmeleri için, birbirlerini sevme duygusunun uyandırılması lazım. Bu, Yaradan ile birleşmenin tek yoludur.

YARADAN - BoRe

Bo – Re (İbranice'de Yaradan demektir. "Bo" kelimesi, "Gel" demektir. "Re" kelimesi, "Gör" demektir. BoRe yani Gel ve Gör!

Çocukken kendi kendimize sorduğumuz "varlığımızın anlamı ne?", "Yaradan kimdir?" gibi sorular, saf bir şekilde içimizden gelir. Büyüdüğümüz zaman, bu soruları içimize gömer ve bir robot gibi yaşamaya devam ederiz.

O'ndan Başkası Yok!

Düşünün, yeni doğmuş bir bebek, kendisinin tamamıyla koruma altında olduğunu hissediyor.

Birisi onun her türlü ihtiyacını karşılayıp, onu daima sevgi ve şefkatle sarıyor.

Bu kişinin tam olarak kim olduğunu bilmiyor fakat kendisine çok yakın olduğunu hissediyor.

Tamamıyla O'nun kontrolünde oluyor. Yüce olan Yaradan'ın, yarattıklarından talebi, bu koşulun anlamını hissedebilmek.

Yaradan - Gel ve Gör

Yaradan'ı görebilmek. Kabalistik anlamda; Gel de gör!

Dinler, Yaradan'ı dışımızdaymış gibi görürler. Dini yaklaşım, Yaradan'ı dışımızda, tutunulması gereken bir varlık gibi gösteriyor olmasından dolayı, Kabala Bilgeliği böyle bir yaklaşımı yasaklar. Yaradan'ı içsel bir özelliğimiz olarak görmeliyiz.

Kabalistik lisanda, Yaradan, "gel ve gör" demektir. Yaradan, sonsuz sevgi ve ihsan etme duygusudur; bunu içselliğimizde hissetmeliyiz.

Kalpteki Nokta

Michael Laitman

Dışımızda hiçbir şeyi değiştirmeye gerek yoktur. Değişikliği içimizde yapmalıyız. Sadece bu şekilde sevme ve ihsan etme niteliğine kavuşup, Yaradan ile birleşebiliriz.

Bundan iki bin yıl önce, Yaradan'ı hissetme özelliğini kaybedip sürgün edildik. Böylelikle manevi dünyaları görme yeteneğini de kaybettik. Bu yüzden, Yaradan'ı dışımızdaymış gibi görmeye başladık. O'nu içimizde yaratılışın en önemli unsuru olarak düşüneceğimize, dışımızda olan bir varlık olarak düşünmeye başladık.

Yaradan'a Odaklanmak

Yaradan'ı odak noktasına getirmek!

Kabala Bilgeliği, yaratılanları odak noktasına getirir.

İçselliğimizde Yaradan'ı buluncaya kadar evirir, çeviririz.

Aynı fotoğraf makinesinin objektifi gibi. Biraz sağa döndürürüz, biraz sola ve birdenbire fotoğrafı tam bir berraklıkta görürüz.

Kendimize Geliyoruz!

SORU: Yaratılanlar fiziksel yaşamlarında mutlu iseler, neden Üst Güç" bu durumdan memnun olmaz?

CEVAP: Yaradan, yaratılanlar için çok farklı bir zevk alma hissi programladı.

Başlangıçta, yaratılanları ışık içinde yarattı ve yaratılanlar her zaman bu sonsuz ışığın içinde olmalarına rağmen, yaratılanların bu ışığı hissetmelerini önledi. Yaşayabilmemiz için küçük bir kıvılcım bıraktı ve bu yüzden realiteyi sadece fiziksel boyutta hissedebiliyoruz.

Üst Gücün bizim için daha değişik bir programı vardır. Yaratılanlara o küçük kıvılcımı büyütmeleri için bir imkân verdi. Bu imkânı kullanabilirsek, çok uzun bir uykudan uyanır ve fiziksel zevklerden çok daha üstün zevklere kavuşabiliriz.

Sevgi Tarlası!

Yaradan, manevi sevgi ve ihsan etme tarlasıdır.

Bu tarlaya sadece doğamızı değiştirerek yönlenebiliriz.

Sürekli, bu tarla ile birleşme noktamızı aramalıyız. Tarla'ya ters olduğumuz için, şu an sadece tarlanın kenarındayız ve buraya "Bu Dünya" diyebiliriz.

Tarla'nın ortasında bulunan Üst Gücün hazırladığı programa, sevgi kaynağına ulaşabilmemiz için, içimizdeki arzunun gücüne göre bu tarlanın etkisini üstümüze çekebiliriz. Ve bu etki yerimizi değiştirmemize yardımcı olur. Bu yüzden, Üst Gücün bizim için değişmesini istemek anlamsız olur. O'ndan böyle bir talepte bulunmak, sanki yerçekimi yasasının iptalini istemek gibi olur.

Yaradan, bir güçtür. Bizim fiziksel hayat için yaptığımız duaları duymaz. Sadece kalbimizin en derin noktalarından yükselen "Onunla birleşme arzumuzu" hisseder.

Kabala Bilgeliği, manevi dünyaların kanunlarını öğreten bir bilimdir.

Üst'te Doğada olan güç kişinin sadece sevgi ve ihsan etme istemesine göre etki eder.

Kalpteki Nokta

Michael Laitman

Nokta ve Işık!

SORU: İçimizde manevi dünyayı yöneten bir kılavuz bulunur mu?

CEVAP: Manevi dünyalara uyanabilmemiz için, Doğa yaratılanlarda iki his yarattı: Birincisi, bu dünyaya karşı içimizde bir boşluk duygusu hissetmek, ikincisi ise, bu yaşadığımız hayat tarzından daha yüksek bir hayat tarzı olabileceği yönünde hisler.

Yaratılanların sürekli yaşamlarının kökünü araması durumunu, "kalpteki noktamızın uyanması" diye tanımlayabiliriz.

Dünya bir nevi manevi tarlaya benzer, manyetik bir alan gibi. Kalpteki nokta, yaratılanları bu manevi tarlaya sürükler ve o nokta bu tarlada büyümeye devam eder.

Yaratılanlar, manevi dünyaya yaptıkları yolculuğu sadece bu noktadan yapmalıdırlar. Bu noktadan başkasına güvenmemeli ve bize bizden daha bilgili görünen insanlardan kaçınmalıyız. Sadece o noktanın bize verdiği duygu ile ilerlememiz mümkündür. Bize kimin kılavuzluk edeceğine kendimiz karar vermeliyiz.

Bu analizi kendi içimizde yapmalıyız. Bu yönde dışarıdan gelen sesler doğru yolu bulmamıza engel olacaktır.

Sanki dünyanın ortasında çırılçıplak gibiyizdir. Yaradan ile bu şekilde birleşebiliriz.

Nokta ve Işık. Bu ikisinden başka bir şey yoktur. Sadece bu ikisini birleştirerek ilerlemeliyiz.

Michael Laitman

Manevi Dünya

Manevi dünyayı keşfettiğimizde bir hazine bulmuş gibi oluruz. Daha doğrusu bu hazine bize emanet olarak verilir.

Şefkat Dolu Bir Dünya!

Hepimizi heyecan ve mutlulukla saran anlar vardır.

Sanki etrafımızı bir kuvvet sarar ve hava daha da yoğunlaşır. İçselliğimizde sanki yeni bir benlik oluşmuş gibi olur ve çevremiz sevgiyle sarılır.

Bu anlar çok ender hissettiğimiz anlardır. Kalbimizin derinliklerinde kalmış o dakikaları aratan arzu, sürekli olarak manevi dünyalara girmemizi sağlayan arzudur.

Manevi dünyalar çok muazzam, güçlü ve sonsuzdur. En ufak basamağına bile erişenler, bugüne kadar tattıkları tattan milyarlarca kat daha fazla bir tat almışlardır.

Manevi Dalgalar

O İçsel çalışma, kalbi ve hisleri ıslah etmektir.

Manevi dünyayı kavramak için bu şarttır.

Bu tam olarak radyo frekansını ayarlamak için çevirdiğimiz düğmeye benzer.

Frekanslar havadadır; aynı şekilde hislerimizi çevirebilirsek manevi dünyayı tutabiliriz.

Bu şekilde yaratılanlar manevi frekansı ayarlarlar.

Bu çalışmaya Kabalistlerin dilinde, "Kavana" yani niyet denir.

Birdenbire manevi dünyalar içinde yepyeni boyutları keşfederiz.

"Kavana" Niyet, Harekettir!

Niyet, yapmamız gereken tek harekettir.

Başka türlü bir hareket, hatta arzu bile mevcut değildir.

Her şey hareketsiz, donmuş gibi yerinde durur. Manevi dünyalarda sadece niyetlerimiz mevcuttur. Sevgi ve ihsan etme eylem ve hisleri kaybolduğu zaman, manevi dünya da yok olur.

Bu durumu Einstein'ın "İzafiyet Teorisi"ne benzetebiliriz: "Hareket ve hız sürekli olursa, nesne yerinde duruyormuş gibi hissedilir. Bu yüzden sadece hızı hesaplamalıyız."

Haz, Işık ve Kap!

SORU: İnsanların sekse olan düşkünlüğü nereden gelir?

CEVAP: Manevi dünyalarda ruhlar ışıkla eşleşme eyleminde bulunurlar. Bu duruma, "Yaratılışın iki durumunu birleştirme" denir. Yaratılanlar dişi ve erkek cinsinden ibarettirler. Bu hal yaratılanlarda çiftleşmeye karşı büyük bir arzu uyandırır. Aslında bu eylem ruhların kendilerini ışıkla doldurmasına yarar.

Bu hal, bu dünyada fiziksel çiftleşmeye denk gelir ve bu yüzden yaratılanların en çok aradığı zevk kaynağı budur.

Fiziksel çiftleşmeden alınan zevk, iki dünyada alınan zevklerin farkına çok iyi bir örnektir.

Yaratılanların düşünceleri sürekli olarak seksten alacakları zevk ile sürüklenir ve en yüksek doyum noktasına ulaşıldığında her şey kaybolur.

Aradan bir süre geçtikten sonra tekrar aynı arayış başlar.

Bu, ışığın kabı söndürmesi demektir. Haz, doğru bir şekilde arzuyu tatmin eder etmez kaybolur; aynı artı ve eksi gibi.

Bu anlayıştan sonra nerede bulunuyoruz? Bir atasözü vardır: "İnsanlar ölürken arzularının yarısını da beraberlerinde almak isterler."

Manevi haz başka bir şekilde işler. Maneviyatta olmak demek, perdeye sahip olmak demektir. Kabın içine ışığı alma kabiliyetidir. Işığı verene ihsan edebilmek, yaratılanların ulaşabileceği en yüksek noktadır. Bu durumda yaratılanların kazancı nedir? Manevi çiftleşme bitmeyen bir zevk kaynağıdır. Sürekli güçlenir ve yaratılanda sonu olmayan bir duygu yaratır. Bilinçaltında, farkında olmadan bu birleşmeyi ararız. Yaratılanlar bu yüzden bu dünyaya gelmişlerdir.

Kadınlar Neden Görünüşlerine Önem Verirler?

SORU: Kadınların dış görünüşlerine verdikleri önem nereden gelir? Kadınların kendilerine ve erkeklere süslü görünmek istemelerinin kökü nereden gelir?

CEVAP: Kadınların süslenmeye olan eğilimi Üst Dünyalar'dan gelir. Süslenmek demek, Üst İşleyiş'e göre "ıslah" demektir. Sevgi ve ihsan etme duygusunu tanımakla, Yukarının isteğini yerine getirmiş oluruz. Bu his kalbimizin en derin yerinde, küçük bir nokta olarak belirir.

Kadın süslenmeye teşvik edilir ve çirkin egosunu güzelleştirmek ister. Yaradan'ın ışığıyla sarılmak, O'nun güzelliğine kavuşmak gibi olur. Fakat süslenmek kadınlar için daha çok geçerlidir.

On basamaktan kurulmuş olan manevi dünyanın birinci basamağına, "Kral" denir. Bu dünyada kadınları temsil eder. Kadın ve erkek. Gelin ve damat. Üst dünyada yaratılanların temasını temsil eder. Manevi dünyalardaki varlıklar "gelin", Üst ise "damat" sayılır.

Bu yüzden, hem kadın hem de erkek, ruhlarının içini güzelleştirmelidir.

Islah Yöntemi
Etrafı Saran Işık (Or Makif)

Günden güne dünyanın derin bir uçuruma yaklaştığını hissediyoruz. Yaratılanların egosu ve kendi menfaatimizin etkisi altındayız. Bu durumu düzeltmek için bir arzu uyandı, fakat nasıl yapacağımızı bilemiyoruz. Dışarıdan yardım alamazsak, çok güçlenmiş olan egomuzla başa çıkamayız. Yaratılanları ıslah edecek güç, Kabala Bilgeliğinde mevcuttur.

Kabala Bilgeliğinde bulunan bu özel güç, yaratılanlarda tanımadığı yeni bir his oluşturur. Otantik gerçek Kabala kitapları, insanlara üst dünyaları tarif eder. Dünyaların nasıl yaratıldığını ve Yaradan ile nasıl bütünleşmesi gerektiğini öğretir. Zamanla bu bilgelik bize ifşa olduğunda, ne kadar ters bir dünyada yaşadığımızı anlarız. Üst dünyalarda sevgi ve ihsan etme özelliği vardır. Kabala dersleri esnasında, üst dünyalardan sevgi şefkat dolu bir güç çekeriz. Kabalistler bu güce, "Islah Eden Işık" derler. Etrafı saran ışık (Or Makif) ve bu ışık sayesinde Yaradan ile birleşme arzusu çoğalır.

Michael Laitman

Kalpteki Nokta

Kabalist Baal HaSulam'ın yazılarından:

"Kabala Bilgeliğini öğrenirken hakiki ve güçlü bir arzuya sahipsek, etrafımızı saran ışığı çekerek ruhumuzu birliğe kavuştururuz."

TES Kitabının Giriş bölümünden.

Bütünlüğe Ulaşmak İçin Talep!

SORU: Etrafı saran ışık yani "Or Makif", yaratılanlara etkisini ve dolayısıyla yaratılanların ıslahını nasıl düzenler?

CEVAP: Üst Güç, sonsuz sevgi ve ihsan etme gücü, doğada yaratılan tüm varlıkları birbirleriyle uyumlu bir şekilde yarattı. Doğadaki her şey birbirine özel bir harmoni ile bağlıdır.

İnsanların kendilerini kötü hissetmeleri, doğadaki bu harmoni sisteminden ayrılmalarından dolayıdır. Kendimizi iyi hissetmemiz için bu sistemin içine girmeye gayret etmeliyiz. Bu sistem doğanın bütünlüğüdür.

Bu sistemin içine nasıl girilir?

Bu sistemin dışında olmamızın yarattığı kötülüğü görür ve geri dönmeyi gönülden talep edersek, etrafımızı saran "Or Makif" ışığını üstümüze çekebiliriz. Üst Güç'ten isteyebileceğimiz yegâne şey, bizi tekrar doğru yola getirerek, doğanın yüceliğiyle birleşerek uyumlu bir şekilde yaşamayı dilemektir. Gerisini ışık yapar.

Gelişimin Verdiği Treni, Uçakla Değiştirmek!

Yaratılanların gelişmesini, doğdukları gibi kalmayıp neden geliştiklerini hiç düşündük mü?

Bilim, maddenin içeriğini araştırır, maddelerin dışında kalan gelişmelere cevap vermez.

Kalpteki Nokta — Michael Laitman

Maddelerin veya her türlü yaşayan cinslerin nasıl geliştiğini bilemeyiz.

Bilimden aradığım cevapları alamayınca, bilimi yıllar önce bıraktım. Yaratılanlarda yaşama kuvveti nasıl doğup gelişiyor? Atomlardan mı, moleküllerden mi yoksa hücre içindeki gelişmelerden mi? Bilim bu sorulara cevap veremediği sürece neye yarar?

Kabala Bilgeliğine göre, bebeğin doğduktan sonra büyümesini sağlayan kuvvet, tüm doğayı işleten kuvvettir. Kabala dilinde bu kuvvete, "Hayat Işığı" denir. Üst Güç, bütün doğayı cansız, bitkisel, hayvansal ve manevi seviyelerde, Üst'ten gelen hayat ışığı sayesinde geliştirir.

"Hayat Işığını" hiçbir şekilde ölçemeyiz, sadece nasıl çalıştığını hissedebiliriz. Yeni doğan insanların günden güne gelişmesini ve büyümesini görebiliriz. Gelişim doğal bir şekilde, trenin ilerlemesi gibi doğayı ilerletir, Üst Güç önceden düzenlenmiş bir programla onu hedefe doğru iter.

Manevi dünyalara girebilirsek, gelişimin her basamağını keşfedebiliriz, hatta taş devrine kadar bile dönebiliriz. Üst Güç, doğanın başından sonuna kadar gelişimini hesaplamıştır. Kabala Bilgeliği, yaratılanın rahat ve ferah bir şekilde hedefe varmasını sağlar. Bunu hakiki bir arzuyla kalbimizden dilersek, etrafı saran ışığı üstümüze çekeriz. Bu herkesin yapabileceği bir şeydir.

Zohar Kitabı

Cennet akan bir nehir gibi Yaratılanların kalbinden geçer.

Michael Laitman

Manevi dünyaya Zohar ile girmek mümkündür. Yoksa yalnız fiziksel dünyada kalırız, Sonuçların dünyasında.

Zohar Kitabı Saklı Dünyalara Köprüdür

Kabala Bilgeliğinin en önemli ve kutsal kitabıdır.

En büyük on Kabalist tarafından yazılmıştır. Tarihte bugüne kadar onların gücünde Kabalist doğmamıştır. Hususi yazılmış bir lisan ile manevi dünyaya köprü kurmuşlardır; gayet hassas, ışık ve kuvvet dolu bir köprü. Saklı olan manevi dünyayı hissedebilmemiz için yazılmıştır. Kitaptan alınan erdemlilik ile yazarların hisleriyle birleşmek mümkündür.

Tıpkı bebeklerin annelerinden her türlü erdemliliği almak istedikleri saflıkla, biz de aynı saflıkla Zohar Kitabı'ndan erdemliliği edinebiliriz. Bu şekilde bebeklerin hissettiği mutluluğu bizler de hissedebiliriz. İçimizden, tanımadığımız bir yerden, şimdiye kadar saklı olan manevi dünya yavaş yavaş belirmeye başlar.

Esasında Zohar Kitabı bilgilenmek için değil, ifşa (keşfedilmek) içindir.

Bu, sarf edeceğimiz gayrete bağlıdır. Çocukların beslediği heves gibi bir hevesle, saklı olan dünyayı keşfederiz.

Kabalistler hiçbir zaman "Zohar Kitabı" demezler, "O kitap" derler. Ondan başka kitap yoktur manasına gelir.

Zohar Kitabı'nın özelliği, her isteyeni manevi dünyaya yükseltebilmesidir.

Kendimle Tanışmak!

SORU: Derslerinizi internet üzerinden izliyorum. Doğrusunu söylemek gerekirse, Zohar dersinizden hiçbir şey anlamıyorum fakat içimden gelen his bu kitabın çok özel olduğunu söylüyor. Acaba dersleri takip etmem doğru mudur?

CEVAP: Zohar Kitabı'nı okurken, "Or Makif" diye tanımladığımız etrafımızı saran ışığı çekeriz. Okuduğumuzu anlamak veya anlamamak bu durumu değiştirmez. Kabalistler bu duruma, "Kalbin anlar" derler.

Zohar'ı okurken anlayamadığımız birçok şeyle karşılaşırız ve zamanla farkında olmadan bu duruma alışırız.

Tıpkı bir bebek gibi, etrafı tanımadığı şeylerle doludur. Zamanla geliştikçe, dünyayı tanımaya başlar. Bu durum yaratılanlara doğuştan verilmiştir.

Anlamadığımız durumlarda asla korkmamalıyız. Yazılan hiçbir şey birbirine bağlı değildir. Sadece dinlemek, kalbimizi açmak ve içimizden gelen büyük bir arzuyla maneviyatı tanımak.

Zohar Kitabı ve Kabalistlerin yazdığı diğer kitaplar, içimizde Yaradan'ın kuvvetini bulmak için yazılmıştır. Bu kuvveti doğru bir şekilde yaratılanların istifadesine sunmak için yazılmıştır.

Merhamet Işığı (Hasadim Işığı), Erdemlilik Işığının (Hohma Işığı) Denizinde

Yaratılanlar sürekli olarak sonu olmayan bir dünyada bulunurlar. Üst Gücün amacı dünyayı sonu olmayan ışıkla doldurmaktır. Yaratılanların bu ışığa karşı hisleri duyarsız bir haldedir.

Fiziksel dünyayı beş duyumuzla hissederiz. Hâlbuki tanımadığımız altıncı bir duyu daha vardır. Kabalistler bu altıncı duyuya "Ruh" derler. Ruhumuzda da beş his vardır. Bunlara Kabala'da Keter, Hohma, Bina, Tifferet ve Malhut denir. Ruhumuz geliştikçe, manevi dünyayı bu beş hisle hissetmeye başlarız.

Ruhumuzla birleşmek için eksikliğimiz nedir? Sadece Hasadim Işığının eksikliği, etrafımızı saran sonsuz ışığın sevgi ve ihsan dolu olduğunu görmemize engel olur. Bu kendi egomuzun içinde kalmamıza sebeptir.

Kabala Bilgeliğine göre, yaratılanlar daimi olarak Hohma Işığının içindedirler. Kendimizi Hasadim Işığına açmazsak, Hohma Işığını da hissedemeyiz. Hohma Işığı yaratılanlara baskı yaparken, yaratılanlar henüz Hasadim Işığına ulaşamamışlarsa, bu durumu karanlık olarak hissederler.

Kalbimizdeki nokta, ruhumuzla birleşmek için bir tohumdur. Kabala Bilgeliği, yaratılanlara etrafı saran ışığını (Or Makif) çeker. Zamanla bu ışık Hasadim Işığına dönüşür ve ruhumuzla birleşince Hohma Işığı ile dolar.

Sonsuz Haz

Kabala Bilgeliği, Kabalistik manada "Almak" olarak tanımlanır. Kabala Bilgeliği, insanlara doğada bulunan bolluktan nasıl faydalanılması gerektiğini öğretir. Bundan dolayı insanlar sonsuz bitmeyen bir hazza kavuşurlar.

Bu hazzı diğer ruhlarla bölüşürsek hiçbir zaman tükenmez. Aynı bir annenin çocuklarını sevdiği gibi, sevgiden aldığı haz hiçbir zaman tükenmez.

Yaradan, Yaratılanları Haz Almaları İçin Yarattı!

Kalpteki Nokta — Michael Laitman

SORU: Diğer kişileri sevmekten nasıl bir kazancım olabilir?

CEVAP: Başkalarını sevmek, Üst Gücün hedefi değil sadece aracıdır. Üst Gücün hedefi, yaratılanları haz ile doldurmaktır. Bu hazla dolmak için araçların yani kapların büyük olması şarttır. Üst Güç, yaratılanları küçük kaplarla yarattı ve bu yüzden zevk bizi tatmin ettiğinde derhal etkisi kaybolur. Karnımız aç iken yemek yediğimizde zevk hissederiz, doyduktan sonra ise zevk kalmaz. Ardından başka fiziksel zevkler peşinde koşarız. Hiçbir zaman bu mevcut kaptan daha büyük bir zevk alamayız. Yaratılan haz için yaratıldığını anlayınca, daha ne olabilir diye düşünür. 100 kiloluk biftek yiyebilir miyim? Boynumdan büyük haz ile ne yapabilirim?

Yüksek hazları arayan kişilerin tecrübelerine göre, kabı büyütmeden bugün tanıdığımız zevklerden daha büyük zevklere kavuşamayız.

Kabı nasıl büyütebiliriz? Kendim için aldığım zevkleri, dışımda olan kaplara verebilirsem, hiçbir zaman dolu olduğumu hissetmem.

Başkalarını sevmek, bu halimizde hissettiğimiz şekilde bizi şaşırtır. Hâlbuki manevi dünyalarda bireyler yoktur. Sadece kapları birleştirerek Üst Gücün vermek istediği zevki tanıyarak, Üst Güç ile birleşebiliriz.

Duyguların Durumları
Tahmin Etmeden Kaderi Bilmek

Bir saniye sonra bile ne olacağını bilememek, insanlarda güvensizlik duygusu yaratır.

Hâlbuki, insanlar yalnızca geleceği bilmek, hayatlarını kendileri düzenlemek isterler. Falcıya gerek yoktur. Manevi erdemlilikle birleşmek, geleceğe dair ipucu bulmak demektir.

Arzu ışığı yakar!

Karanlık, başkaları ile temasta olmamak demektir. Elektrik devresine benzer, en ufak bir iletişimsizlik bütün elektriği keser. İnsanlar birbirleriyle bağ kurmayı gönülden arzulamakla ışığı yakabilirler.

Utanç Manevi Gelişmeyi Önler!

Hayatta sürekli olarak kendimizi genel bir davranışa bağlamazsak utanç duyarız. Hayatta yapılan tüm şeyler utanç hislerinden kaçmak içindir.

Yaratılanlarda utanç hissi, üst dünyalardan, ruhlarının kökü olan yerden başlar. Üst Güç, sonsuz bir sevgi ve ihsan etmeyle, alma arzusu olan yaratılanları sonsuz bir ışıkla doldurur. Işıktan gelen zevk, yaratılanlarda utanç hissini yaratır. Yaratılanların Yaradan'a karşı ilk hissettikleri his, utanç hissi olmuştur. Üst Güç ile birleşmek için utanç hissini yenmeliyiz.

Yaşadığımız dünyada etkisi olan utanç hissi, yapacağımız veya yapmayacağımız hareketlerin birinci sebebidir.

Neden Yalnızlık Hissediyoruz (Etrafımız insanlarla dolu olsa bile)

Yalnızlık hissi, etrafımızdaki insanlarla ilişki kurmak içindir. Hakiki bir bağlantı, Üst Güç ile birleşmeye yardımcı olur ve dolayısıyla ışıkla dolmaya.

Michael Laitman

Sancı, Istırap Düşünceleri

Sancı, vücudun her türlü rahatsızlığının işaretidir. Tehlikeyi haber verir. Sancı, harekette olmamızı sağlar. Sancının sebebini ararken, bir yandan da yeni durumları araştırmış oluruz. Istırap, egomuza etki eden yegâne kuvvettir.

Istırap, kötü hissetmemin sebebidir. Etrafımdakilerin kötü hissetmelerindendir. Istırap, arkadan itmeye ve gelişmeye mecbur eder.

Boşluktan gelen ıstırap, ilerleyip doyuma ulaşmamızı sağlar.

Hislerimizin sebebi, ıstırapların üzerimize yaptığı baskıdan oluşur.

Zevki ancak ıstırabı tanıdıktan sonra anlayabiliriz.

Istırabı ancak egonun üzerine yükseldikten sonra anlayabiliriz. Birdenbire, eksiklikle değil dolulukla yaşanabileceğini anlarız. İhtiyaçtan değil sevgiden gelen dolulukla.

Dünyada Sönemeyecek Işık

İnsanlar yaşam sürelerinin ortasına geldiklerinde, hayatlarını dolduran ışık yavaş yavaş sönmeye başlar.

Bir nevi ölüme hazırlık gibi bir durumdur. Aslında, hayattaki arzularımız gücünü yitirmeye başlar ve bu durumun fiziksel vücudumuzla ilgisi yoktur.

Manevi dünyaya girmekle, yeni bir enerji ile dolarak çocuk gibi hissetmeye başlarız.

Michael Laitman

Esas korkuyu tanımak!

Zohar Kitabı'nı okurken ilk anlamamız gereken şey, hakiki korkunun ne olduğudur. İnsanlarda iki çeşit korku vardır:

Birincisi, bu dünya ile ilgili aile, geçim sorunu, sağlık gibi korkular. İkincisi ise, "öbür dünya" (cennet-cehennem) korkuları.

Manevi dünyalarla ilişki kurabilmek, diğer üçüncü korku sayesinde gerçekleşir. Sükûnet (Huşu) korkusu. Esas korku, Üst Güç ile birleşememe korkusudur. Acaba O'nun ihsan etme ve sevgi niteliklerini, kendi doğamız haline getirebilecek miyiz?

Kabala Bilgeliği içimizde yeni bir his yaratıyor, birlik hissi ve bu his tüm korkularımızı "sükûnete" çeviriyor.

Gurur

SORU: Kavga eden bir çift, birbirlerine sırtlarını dönüp barışmak istemezlerse ne yapılabilir?

CEVAP: Gurur, insanların gelişim aşamalarının son basamaklarındandır ve aynı zamanda en zor kısmıdır. Gururu kaybetmek, kendimi silmek veya yok etmek gibi bir his getirir. Çifti birleştirmek için üçüncü bir şahıs olmalı ve bu üçüncü şahıs Üst Güç olmalıdır. Kabalistlerin bu durumla ilgili sözleri şöyledir: "Eşler arasında Yaradan yoksa ateş vardır!" Gurur ile anlaşmazlıkların üstünü kapatarak görmemezlikten gelemeyiz, zira bu durumda bir sonraki kavga çok daha şiddetli olacaktır.

Hepimiz düşüncelerimizle, isteklerimizle, zevklerimizle birbirimizden çok farklıyızdır. Yaradan, bizleri bu şekilde yarattı. Bir çift, mutlu bir yaşam sürmek istiyorsa, Üst Güç ile birleşmeyi arzulayarak aralarında

bir üçgen oluşturmalıdır; kadın, erkek ve Yaradan. Bu, Yaradan ile birleşmek için en makul yoldur.

Düşünce Arzuların Hizmetçisidir!

Yaradan, insanlarda "Alma Arzusu"nu yarattı ve alma arzusundan başka hiçbir şey yoktur.

Büyük arzular, küçük arzuları değiştirir. O zaman düşüncelerimizin veya aklımızın görevi nedir? Düşünce, bir arzudan bir başka arzuya geçmeye yardımcı olur.

Akıl ise büyük arzuları hakikate getirmeye yararlıdır. Alma arzusu yaratılışın özüdür.

Düşüncelerimiz ne olursa olsun, daima arzularımızın esiriyizdir.

Kabala Bilgeliği, aklımızı kullanarak bulunduğumuz durumun kötü olduğunu bizlere gösterir.

Kabalistler, kötülüğü ifşa etmeliyiz derler. Düşüncelerimiz Üst Işık ile ilişki kurarak değişebilir.

Ebediyen Gençlik!

Kabala Bilgeliği, ruhumuzla bağ kurmaya yardımcı olur.

Ruhlar ise hiçbir zaman yaşlanmaz. Manevi çalışmalarımızla daha da güçlenir, o kadar ki yabancılardan bile utanmaya başlar, yaramaz çocuklar gibi oluruz.

Yeni Bir Dünya Kuruyoruz
İyiye ulaşmak mümkün mü?

İnsanlar, egolarının üzerine yükselerek, ilgilerini etraflarındaki kişilere vererek iyiliği elde edebilirler.

Michael Laitman

Hayatı Seçmek!

"Geleceği nasıl görüyorsunuz?" gibi sorular, yoğun bir şekilde, sürekli kişisel bloğum üzerinden sorulur.

Geleceği anlamak; Doğa'nın karakterini anlayarak, geleceğimizi garantileyerek, mutlu bir şekilde yaşayabiliriz.

21. yüzyıla kadar Üst Gücün iradesi altındaydık. Doğal bir şekilde arzularımızı ve egomuzu yükselterek geliştik. Üst Güç, özgürlüğe kavuşabilmemiz için önümüze açtığı kapıyı seçme tercihini bizlere verdi. Doğru yolu seçerek, doğanın hazırladığı zorlukları, ıstırapları önleyerek, manevi dünyalara kolaylıkla girebiliriz. Üst Güç ile birleşirsek, sonsuz bir hayat yaşayabiliriz. Doğanın hazırladığı baskıdan kurtulmak elimizdedir ve geleceği kendimiz düzenleyebiliriz.

İnsanlar doğanın en gelişmiş yaratıklarıdır. Dünyalar, insanın kullanması için yaratılmıştır. Bu büyük sorumluluk, muhteşem bir amaç için verilmiştir. Günümüzdeki krizlere korkuyla yaklaşmaktansa, bunları birer fırsat olarak kullanabiliriz.

Dünyayı Kuruyoruz!

Çocuklarımızın, oynamaları için kendilerine verdiğimiz yapboz veya zekâ oyunlarını tekrar kurmalarındaki zevki tatmaları gibi...

Yaradan, doğayı kusursuz bir şekilde yarattıktan sonra, köküne kadar bozarak bugünkü haline getirdi. Tek amacı, insanların, kendi elleriyle, doğayı tekrar daha önceki kusursuz haline getirmeleridir.

Ayrılmış Ruhları Birleştirmek!

Uyumlu bir şekilde birleşmiş bir vücuda, sağlıklı bir hayat gelir.

Üst dünyalar, insanların birleşmesiyle ifşa olur.

Ebediyen bütünlüğü hissetmeliyiz. Dünyada hissedilen sorunlar, insanları birbirinden ayıran egodur.

Birleşerek üst dünyalarla bir ilişki kurmalıyız.

"Dostunu kendin gibi sev!" sadece bir cümleden ibaret değil, doğanın kanunudur. Doğa, her organı birbirine bağlı olan canlı bir vücuttur.

Ekoloji - Değişimi Yakalamak

İnsanların en büyük problemi, kendilerini doğanın dışında görmeleridir. Doğayı bu şekilde algılamak, çevreyi insanlara ek olarak görmemize ve çevreyi kendi zevkimize gore kullanmamıza sebep olur.

İnsanların, doğanın bir parçası olduklarını anlayıp davranışlarını değiştirmeyerek doğanın hassas dengesine karşı gelmesi, tüm insanlığın çektiği ıstırapların sebebidir. Kendi rızamızla değişmezsek, doğa bizi değişmeye mecbur edecektir.

Kabala Bilgeliğine göre, sahip olduğumuz düşüncelerimiz ve arzularımızdaki güç, doğadaki tüm değişikliklerin sebebidir.

Problem ise, Üst Gücün bunu insanlardan saklamasıdır. İnsanlar, doğaya karşı işledikleri suçları kendi dışlarında görebiliyorlar. Havayı kirletmek, dünyayı çöp yığını haline getirmek gibi şeyler. Asıl neden, düşüncelerimiz ve arzularımızdır. Onlar da bekleyebilir.

Doğayı korumak, kendimizi kendi egomuzdan korumak gibi sayılır.

Küresel Açlık Zorunluluk Değil

Dünyadaki açlık, yersiz bir durumdur.

Doğa, tüm canlıları doyurabilir. İnsanlar tarafından bozulmazsa,

Tüm insanlar bir vücut haline gelirlerse, Tüm dünya insanları açlık çekmeden, sonsuz bir berekete ulaşabilirler.

Taş Devri, İleri Teknoloji Çağının Ardında Saklanıyor!

Ego, bir yandan gelişmemize sebep iken, diğer yandan yaşadığımız tüm krizlerin tek sebebidir. Hatta bizleri dünya savaşlarına bile götürebilir. Çaresizce bunu izleyerek bu teknoloji devrinden taş devrine inebileceğimizi hissediyoruz.

Bu durumu değiştirmek mümkündür. Kabala Bilgeliği, insanları ve tüm doğayı kontrol edebilecek yeni bir güç olarak "Hiyerarşi Gücü"nü yaratır.

Kabala Bilgeliği egoyu öldürmez, tam tersine, bu egonun üzerine ihsan ve sevgi gücünü ekler; yeni ve anlayışımın üzerinde bir gerçeklik.

Kabala'nın verdiği bilgi, iki ters gücü birleştirmektir. Üst Gücün sevgi ve ihsan etme niteliklerini, insanların alma arzusu niteliği ile birleştirerek bütünlüğe varabilmektir.

Bnei Baruch Eğitim ve Araştırma Enstitüsü

Kalpteki Nokta

Michael Laitman

Kabala Bilgeliğinden Bir Parça
Dünyanın Yaratılışı!

SORU: Kabala Bilgeliğine göre dünya 5772 yıl evvel yaratılmıştır ama bugün bilim, büyük patlamanın milyarlarca yıl önce olduğunu gösterir.

CEVAP: Büyük patlama, 14 milyar yıl önce oldu. Üst Işık'tan bir kıvılcım kopup en alçak dereceye inerek egoizm ile kaplandı ve bu dünyada madde ve enerjiyi kıyafetlendirdi. Daha sonra bu enerji, bütün evren ve dünya ile beraber gelişti. Bundan 4 milyar 600 sene önce, bağlı olduğumuz güneş sistemi dünya ile beraber gelişmeye başladı. Birkaç milyar sene, dünyanın etrafındaki kabuk soğumaya başlayınca, atmosfer sayesinde canlı formlar gelişmeye başladı.

Hiçbir şey tesadüfen olmayıp, her şey o kıvılcım ile başlar. İçinde barındırdığı bilgelik ve enerji ile her şey oluştu. Önce hareketsiz varlıklar, sonra bitkiler, sonra hayvanlar ve en son insanlar. Bilim insanları, gelişimin değişim sayesinde olduğunu belirtirler. Aslında, tüm gelişim yalnızca bir düşüncedir. Tabiatta bulunan her şeyin kökü, üst dünyalarda kıvılcımın koptuğu yerden gelir. Kabalistik terminolojide, geçirmiş olduğumuz tüm izlenimlere, "Reşimot" denir.

Büyük Kabalist Ari, "Hayat Ağacı" adlı kitabında, insanların tabiata uyumlu bir halde geliştiğini yazar. Bundan 5772 sene önce, yaratılışı sorgularken kalbinde manevi noktası uyanan ilk insan, İbranicede "benzeyen", yani "Yaradan'a benzeyen" anlamına gelen "Âdem" diye anılır. Üst Güce benzemek isteyen ilk insan "Âdem". Manevi dünyaları keşfettiği birinci güne, "Dünyanın yaratılışı" denir. İbrani takvimi o gün başlar ve 6000 yıl içinde tüm yaratılanlar manevi dünyaları tanıyacak ve Üst Güç ile birleşeceklerdir.

Michael Laitman

Global Ego, Küçük Köy

Kabala Bilgeliği, eski Babil'de tüm insanlara açık bir ilimdi. O devirlerde, eski Babil küçük bir yer olmasına rağmen yaşam şartları çok uygundu. Herkes birbirinin yaşamını etkileyebiliyordu. Ulus bir bütünlük halindeydi. Kabala Bilgeliği, o devirde yaşayan Hz. İbrahim tarafından ifşa oldu. Kabalistlerin doğanın birinci kanunu olarak tanımladıkları, "Dostunu kendini sevdiğin gibi sevmelisin!" kanunudur.

Hz. İbrahim, eski Babil'de insanlara bu kanuna göre yaşamayı öğretmeye başladı. Sadece kalplerindeki noktaları gelişmiş olan insanlar, bunu, O'nun bu öğretisiyle birleşmeyi kabul ettiler. Bu insanlara, Hz. İbrahim'in bu ilmi anlatmak için geliştirdiği İbranicede "Yaşar - Direkt" ve "El - Yaradan" kelimelerinin birleşimi olan "İsrail – Yaradan'a yönelmiş" denildi. Diğer tüm insanlar, eski Babil'den dünyaya dağıldılar. Ego, herkesi ileri doğru iterek bizleri bugünkü durumumuza getirmiştir.

Hz. İbrahim'in öğretisini kabul edip birleşen insanlar, zamanla bir "Ulus" haline gelmişlerdi. Bu ulusa o zamanlar, "İsrail Oğulları" yani "Kalplerini Yaradan'a yönlendirmiş insanlar" denildi. Bu ulusun insanları, iki bin yıl önce, egolarının yükselmesi sonucu bulundukları yüksek sevgi basamağından nefrete düşerek Üst Gücü kaybetmişlerdir.

Bu bilgeliği edinmiş erdemli insanlar, Kabala İlmini nesillerden nesillere aktararak insanlığın gelişmesini beklemişlerdir. Böylelikle günümüze kadar geldik. Bugünkü neslin durumu, Babil'de birbirlerinden ayrılan ruhların birleşmesine müsaittir. O zamanların "Küçük Köy"ünü, günümüzün "Global Köy"ü gibi hissederken, her şeyin birbirine bağlı olduğunu görüyoruz. İnsanlığın en önemli kanunu olan "Dostunu kendin gibi sev!"

kanununa, yaşamak için büyük bir ihtiyaç duyulmaktadır. Kabala Bilgeliği, insanlığı tekrar sevgi ve ihsan etme basamağına çıkarabilecek erdemliliği içinde barındırır. Işığa kavuşmak tüm insanlar için şarttır.

Gerçek Kabala Bilgeliği

Kabala Bilgeliğinin iki bin yıl boyunca insanlara kapalı olması, birçok yanlış anlaşılmalarla beraber, Kabala ile ilgisi olmayan bir sürü hikâyenin uydurulmasına sebep olmuştur. Günümüzde, Kabala Bilgeliği hiçbir şart öne sürmeden, tüm insanlığın istifadesine sunulmuştur. Kabala Bilgeliği, insanlığa yeni bir eğitimi edindirmek ve yanlış şekilde yaşadığımız bu hayatı düzenlemek içindir.

Bu bilgelik ne eksik ne de fazladır. Üst köklerin ıslahından aşağı doğru bize açılmış sabit bir kanundur. Bu dünyadayken Üst Gücü tanımak, Yaradan ile birleşmek, Kabala Bilgeliğinin tek yüce amacıdır. İnsanlığın bu yoldan geçip en yüksek derecelere ulaşıp sonu olmayan dünyaları keşfetmesi, mecburi bir ihtiyaçtır.

"Baal HaSulam'ın yazılarından. Kabala Bilgeliğinin Doğası"

Sonsuz Dünyalara Basamak!

Kabala Bilgeliğine göre yaşam iki his ile oluşmuştur. Önemli olan bu iki hissin biri bu dünyaya, diğeri ise üst dünyalara hitap eder. Üst Dünyalar ise 125 basamağa ayrılır.

Bugün hissettiğimiz dünya, 125 basamağın altındadır. Kalpteki nokta uyandığı zaman, birinci basamağa çıkmak için bir arzu uyanır ve bu şekilde gelişerek Sonu Olmayan Dünyaya basamak basamak tırmanırız.

Gizli Bilgeliğe

Dünyayı araştırırken, dünyanın büyük bir bölümünün insanlardan gizli olduğunu fark ederiz. Bilimsel çalışmalarla elde edilen bilgiler sayesinde yaşamak, hayatı kolaylaştırmıştır. Bilim ile bir ilişkimiz olmasa bile, hayatta edindiğimiz tecrübeyle ve bilim insanlarına güvenerek daha kolay yaşayabiliriz. Her gün yeni bir keşif olmasına rağmen bilim doğanın tüm kanunlarına cevap veremiyor.

Tüm dünyevi bilimlerden gizli, henüz keşfedilmemiş Üst Dünyalar bulunur. Üst Dünyaları hissedebilmek için insanların değişmesi şarttır. Doğadan almış oldukları egoizmi sevgi ve ihsan etme hisleriyle değiştirerek, Üst Dünyaları araştırmaya başlayabilirler.

Dinler ve inançlar, bizden gizlenmiş dünyalar için sadece bir kuramdır. İnançların birbirine aykırı ve ters olması, Üst Dünyaların insanlardan gizli olmasından dolayıdır. İnançların hiçbiri gerçek manevi dünyaları açamıyor. Kabalistler, kendi karakterlerini sevgi ve ihsan etme yönünde değiştirerek Üst Dünyaları keşfetmişlerdir ve bu edinime varmamız için bizlere rehberlik ederler.

Arzusu olan her birey bu yoldan ilerleyebilir. Manevi dünyaların fiziksel dünyamızla bir ilişkisi olmadığından, bu edinime gelmek için yaşam tarzımızı değiştirmeye gerek yoktur. Sevgi ve ihsan etme duygularını tanımak için inanç sistemlerine de ihtiyacımız yoktur. Kalbimizden yükselteceğimiz bir arzu ile Üst Güç ile tanışabiliriz.

Yetersiz Soru

Baal HaSulam'ın yazmış olduğu Talmud Eser Sefirot (TES), günümüzden 500 yıl önce yaşamış, yüce bir Kabalist olan Ari'nin notlarına göre yazılmıştır.

Kalpteki Nokta

Michael Laitman

Bu kitap, günümüzün en önemli Kabala kitaplarından birisidir. Kitap, sadece ruhlarımızın manevi edinime gelebilmesi için yazılmıştır. Baal HaSulam kitabın giriş bölümünde, insanların Kabala'ya dair duydukları kuşkuları giderebilmek için şu soruyu sorar:

"Hayatın Anlamı Nedir?" Hayatın tadı nedir diye sorulan soruyu cevaplandırabilirsek, kuşkuların çoğu yok olur. Tüm yaşam sürecimizin zorluklarla, ıstıraplarla geçmesi kime faydalı olmuştur? Daha doğrusu kime haz vermiştir?

Yani geçirmiş olduğumuz tüm yıllar boyunca çok pahalıya mal olan bu ıstırap ve zorluklar, kime haz verir ve daha doğrusu bunlardan kim faydalanabilir?

Geçmiş nesillerin bilginleri de bu durumları düşünmüşlerdir ve günümüz insanının bile tasavvur edemeyeceği bu düşünceler ve sorular halen aklımızda bulunur. Tüm gücü ve acılığı ile bazen hiç beklemediğimiz anlarda bizleri en alçak yerlere indirir. İnsanlar çareler arayıp her türlü hileleri kullanırken, hayat insanları hissettirmeden sürüklemeye devam eder. Baal HaSulam – On Sefirot'a Giriş Bölümünden Kabala Bilgeliği, bu tip soruları sorarak hayatın anlamını arayanlar içindir.

Ekler

"Kabalist Dr. Michael Laitman ile Röportaj"

Soru: Hayatınızda en önemsediğiniz şey nedir?

Cevap: Kabala Bilgeliğini tüm dünyaya anlatmak. İnsanların egosu tüm kötülüklerin kaynağıdır. Egoyu ıslah etmek, tüm dünyayı mutluluğa eriştirir.

Soru: Hayatın amacı nedir?

Cevap: Tüm insanlığın kendisini ıslah edip "sevgi" ve "ihsan" seviyesine ulaştırmak.

Soru: Savaşların, terörün, yoksulluğun, bezginliğin ve tüm buna benzer kötü durumların sebebi ne olabilir? Bunları nasıl yenebiliriz?

Cevap: Doğa doğduğundan bu yana, insanların egosunun gelişmesine paralel olarak dünya da ilerlemiştir. İnsanlar, etraflarında bulunan her şeyi kendi menfaatleri için kullanmakla gelişmenin son noktasına gelmişlerdir. Bunun değişmesi için insanların kendi gücü yetersizdir.

Soru: Dünyadaki ekoloji felaketlerinden nasıl kurtulabiliriz?

Cevap: İnsanların doğaya karşı olan tavırlarını değiştirerek, doğanın nasıl işlediğini izleyip doğanın sevgi ve ihsan ile dolu olduğunu anlayarak, en kısa zamanda dünyayı idare edecek kurtarma ekibini kurarak, her türlü eğitim dokümanlarını, makaleleri insanlara ulaştırarak ve insanlığı doğaya layık bir eğitimden geçirerek bu felaketlerden kurtulabiliriz.

Soru: Dünyayı ve insanları nasıl görmek isterdiniz?

Cevap: Dünyanın kurtuluşu için, insanların birbirlerine bağlı bir sistemde yaşadıklarını, birbirlerine muhtaç olduklarını anlamalarını. Tıpkı bir makinenin birbiriyle uyumlu şekilde çalışan parçaları gibi görmek isterdim. Bu şekilde düşünerek dünyayı değiştirebiliriz.

Soru: En çok sevdiğiniz sözler nelerdir?

Cevap: Hayatı doğanın bütünüyle uyumlu bir şekilde sürdürürken, aynı zamanda tüm canlılar gibi, her bir canlının bir diğerine faydalı olduğu şekilde yaşayabiliriz. "Dostunu kendin gibi sev!" cümlesi yaşamın tümüdür. Bu bir ahlak kuralı değil, yaşamın kanunudur.

Yeni Dünyaya Yeni Eğitim

1. Dünyanın küreselleşmesinin, ekonomi, siyaset ve kültürlere, uluslararası pazarlara, kuruluşlara ve bireylere olan etkisinin artmasına rağmen bu durum sorunlara çözüm getiremiyor.

2. İnsanların bu yeni hayat tarzına alışmaları için, yeniden eğitim görmeleri gerekir. Egoist bir şekilde yaşamamızın sebebi, bugünkü eğitim sistemidir. Yeni eğitim sitemi doğal bir şekilde olmalıdır. Bu durum doğanın zorlamasıyla olursa, ıstırap dolu bir yola girebiliriz. İnsanların arasındaki ilişkiyi yeni küreselleşmeye göre kurmalıyız.

Tarihte olan tüm gelişmeler, insanların elinde olmadan, Üst Güç tarafından mecbur edilmiştir. Şimdiki nesilde, ilk kez insanlar kendi istekleriyle bu değişime katılabilirler.

3. Mesela, günümüzdeki çocukları eski eğitim sisteminde eğitim görmeye mecbur ediyoruz. Hâlbuki yeni nesil, yeni düzene göre eğitim görmelidir. İçgüdümüz yeni sisteme karşı gelirken, Doğa bizleri bu yeniliğe doğru itiyor.

4. Tarihte ilk olarak, iletişim olanakları yeni eğitimi halka aktarma görevini üzerine almalıdır. Doğru bir şekilde yapabilmek için, halkın güvenini kazanarak insanlığa katkıda bulunabilirler.

Tüm değişiklikler aşağıdan başlamalı ve yaşamın her basamağına cevap vermelidir. Hiçbir şekilde eski kültürlere,

Kalpteki Nokta

Michael Laitman

dinlere, geleneklere baskı uygulamadan, gayet rahat bir şekilde, insanlar yeni küresel hayata alışmalıdırlar.

5. Kabala eğitimi baskı ile verilecek bir ilim değildir. İnsanları aynı seviyelere getirmeye ihtiyaç yoktur. Tersine, insanlar eski geleneklerinde, dinlerinde hiçbir değişiklik yapmadan kalabilirler. Kabala Bilgeliği, insanların geleneklerine saygı duyarak, birbirleriyle birleşerek barış içinde yaşamalarını sağlar.

Her insan kendi dininde kalabilir. Baal HaSulam'ın "Son Nesil" makalesinde yazdığı gibi, Kabala Bilgeliği uluslararası anlaşmazlıkları giderebilir.

6. Kabala, insanları aynı şekilde geliştirir. İnsanların büyük bir makinenin dişli çarkları gibi çalışmasını sağlar. Herkes bu makine içinde kendisi için en uygun yolu bulur ve doğaya en uyumlu bir şekilde yaşar.

Yeni eğitim sistemi, insanların yaşam seviyesini aynı seviyeye getirerek, ayrı olan düşünceleri grup halinde birleştirir, daha sonra da tüm insanlığı bir grup haline getirir. Baal HaSulam'ın yazdığı gibi, "Uluslararası sınırlar kaybolacak ve tüm uygarlık bir düşünce altında doğa kanunlarına göre yaşayacak."

İnsanları zorlayarak değil, insanlar kendi rızalarıyla bu değişimi yaparak Üst Güç ile birleşmeyi tanıyacaklar.

Televizyonlardaki kitle eğitim programları ve bilgisayar, internet oyunları buna yardımcı olabilir.

7. Küresel dünya insanlara kalabalık olma hissini verirken, insanlar ruhların birleşmesiyle yakınlık hisleri ile dolacaklardır.

BNEY BARUH HAKKINDA

Bney Baruh, Kabala bilgeliğini tüm dünya ile paylaşan büyük bir Kabalistler grubudur. 38 den fazla dildeki çalışma araçları bir nesilden diğerine geçmiş otantik Kabala metinlerini temel alır.

Mesaj

Bney Baruh dünya çapındaki binlerce öğrencinin birçok çeşitli hareketinden oluşmaktadır. Her öğrenci kendi kişisel koşullarına ve yeteneklerine göre kendi yolunu ve yoğunluğunu seçer.

Son yıllarda grup, orijinal Kabala kaynaklarını çağdaş bir dille sunan gönüllü eğitim projeleriyle uğraşan bir hareket olarak büyüdü. Bney Baruh tarafından dağıtımı yapılan mesajın özü insanların birlik olması, ulusların birliği ve insan sevgisidir.

Binlerce yıldır, Kabalistler insan sevgisinin yaratılışın temeli olduğunu öğretmektedirler. Bney Baruh kesinlikle Din, Irk, Dil, v.b. bir ayırım gözetmez. Bu sevgi Hz. İbrahim'in, Hz. Musa'nın ve onların kurduğu Kabalist grupların günlerinden beri hakim olmuştur. İnsan sevgisi temelsiz nefrete dönüştüğü zamanlarda, millet sürgün ve ızdırap içine düşmüştür. Eğer bu eski-ama-yeni değerler için bir yer açarsak, farklılıklarımızı bir kenara koyup birleşmek için gerekli olan güce sahip olduğumuzu keşfedeceğiz.

Bin yıldan beri gizlenmiş olan Kabala bilgeliği şimdi açığa çıkıyor. Bizim yeterince geliştiğimiz ve onun mesajını uygulamaya hazır olduğumuz bir zaman için bekliyordu. Bugün Kabala ulusların kendi içlerindeki ve uluslar arasındaki gruplaşmaları, ayrılıkları birey ve toplum olarak çok daha iyi bir durumda birleştirecek bir mesaj ve çözüm olarak ortaya çıkmaktadır.

Tarih ve Kökeni

Kabalist Michael Laitman, Ontoloji (Varlık Bilimi) ve Bilgi Kuramı Profesörü, Felsefe ve Kabala konusunda doktora, Tıbbi Bio-Sibernetik konusunda yüksek lisans yapmıştır ve 1991 de, hocası Kabalist Baruh Şalom HaLevi Aşlag'ın (Rabaş) vefatından sonra Bney Baruh adlı Kabalist grubunu kurmuştur.

Kabalist Michael Laitman akıl hocasını anmak için onun anısına grubuna Bney Baruh (Baruh'un Oğulları) adını verdi. Hayatının son 12 yılında, 1979 dan 1991 e kadar onun yanından hiç ayrılmadı. Kabalist Laitman, Aşlag'ın en önemli öğrencisi ve özel asistanıydı ve onun öğretim metodunun takipçisi olarak tanındı.

Rabaş 20.yüzyılın en büyük Kabalisti Yehuda Leib HaLevi Aşlag'ın ilk oğlu ve takipçisidir. Yehuda Aşlag, Zohar kitabı üzerine yazılmış en kapsamlı ve en saygın tefsirin yazarıdır. Sulam Tefsiri (Merdiven Tefsiri) manevi yükseliş için eksiksiz bir metod ifşa eden ilk Zohar tefsiridir.

Bney Baruh tüm çalışma metodunu bu büyük manevi liderler tarafından kazılmış yol üzerine temellendirir.

Kabala Dersleri

Yüzyıllardır Kabalistlerin yaptığı gibi ve Bney Baruh faaliyetlerinin odağındaki en önemli ögesi olarak, Kabalist Laitman Bney Baruh'un İsraildeki merkezinde her gün 03.00-

06:00 (İsrail ve Türkiye saatiyle) arası verdiği dersler yer almaktadır. Dersler simultane olarak 7 dilde; İngilizce, Rusça, İspanyolca, Almanca, İtalyanca, Fransızca ve Türkçe olarak çevirilmektedir.

Tüm Bney Baruh faaliyetleri gibi canlı yayınlarda dünyanın her yerinden olan binlerce öğrenci için ücretsiz olarak sunulmaktadır.

Finansman

Bney Baruh Kabala bilgeliğini paylaşmak üzere kâr amacı gütmeyen bir organizasyon olarak kurulmuştur. Bağımsızlığını ve niyetlerin saflığını koruyabilmek için Bney Baruh hiçbir devlet ya da politik oluşum tarafından desteklenmemektedir. fonlanmamaktadır ya da hiçbir kuruluşa bağlı değildir.

Çoğunlukla bu aktiviteler ücretsiz olarak sunulduğu için, grup aktivitelerinin temel kaynağı öğrencilerin gönüllü olarak katkıda bulunmalarından oluşmaktadır.

Kabalist Michael Laitman'ın Kabala'yı Arayışı

Bir çok derste ve röportajda Kabala'ya nasıl geldiğim bana sürekli sorulan bir sorudur. Kabala'dan uzak bir takım konuların içerisinde olsaydım muhtemelen bu sorunun geçerliliğini anlayabilirdim. Ancak Kabala hayatımızın amacının öğretisidir; hepimize çok yakın ve her birimizi ilgilendiren bir konu! Dolayısıyla bence daha uygun bir soru, Kabala'nın kişinin kendisi ve hayat ile ilgili soruları içinde barındırdığını nasıl bulduğum olmalı. Yani soru, "Kabala'yı nasıl keşfettiniz?" değil, "Neden Kabala ile ilgileniyorsunuz?" olmalı.

Hâlâ çocukluk çağındayken, tıpkı bir çok insan gibi, neden var olduğum sorusunu sordum. Bu soru, dünyevi zevklerin peşinde koşarak bu soruyu bastırmadığım anlarda sürekli beni rahatsız ediyordu. Bununla beraber, bu soruyu defalarca suni şeylerle, örneğin ilginç bir meslek edinip kendimi yıllarca işime adayarak ya da uzun yıllar peşinde koştuğum kendi ülkeme göç etmekle bastırmaya çalıştım.

1974 yılında İsrail'e geldiğimde de hayatın manası nedir sorusuyla hâlâ boğuşuyordum; yaşamaya değecek bir neden bulmaya çalıştım. Elimdeki imkânları kullanarak eski konuları (politika, iş hayatı vs) farklı yorumlarla ele alıp herkes gibi olmaya çalışsam da hâlâ bu ısrarlı soruyu silip atamıyordum: Hangi nedenden dolayı tüm bu şeyleri yapmaya devam ediyorum? Diğer herkese benzeyerek ne elde ediyorum?

Maddi ve manevi zorlukların etkisiyle beraber realiteyle başa çıkamayacağımın farkına varmam 1976 yılında beni dindar bir hayat yaşamaya getirdi, ümidim bu hayat tarzının bana daha uygun düşünceler ve fikirler getireceği ve yapıma daha uygun olacağı inancıydı.

Hiçbir zaman insanlığa özel bir meylim olmadı, sosyal bilimler, psikoloji ya da Dostoyevski'nin derinliğinin değerini ölçecek bir ilgiye sahip değildim. Sosyal bilimlerdeki tüm ilgim hep alelâde seviyedeydi. Belli bir düşünce ya da hissin derinliğinden kaynaklanmıyordu.

Buna rağmen, çocukluğumun erken dönemlerinden beri bilime güçlü bir çekim hissediyordum ve sanırım bu bana çok faydalı oldu.

1978 yılında tesadüfen Kabala dersleri için bir reklam gördüm. Hemen gidip kayıt yaptırdım ve doğamın geleneksel heyecanıyla Kabala'ya daldım. Bir çok kitap aldım ve bazen haftalarımı bile alsa cevaplar bulabilmek için bu kitapları derinlemesine çalışmaya başladım.

Hayatımda ilk kez böylesine derinden, özümden etkilenmiştim ve anladım ki benim ilgi alanım buydu çünkü yıllardır kafamı karıştıran konuların hepsiyle ilgileniyordu.

Gerçek bir öğretmen aramaya başladım, tüm ülkeyi dolandım ve bir çok yerde derslere katıldım. Ama içimden bir ses sürekli esas Kabala'nın bu olmadığını söylüyordu, çünkü benden değil soyut ve uzak şeylerden bahsediyordu.

Tüm bulduğum hocaları terk ettikten sonra bana yakın bir arkadaşımın da Kabala'ya ilgi duymasını sağladım. Akşamlarımızı birlikte, bulabildiğimiz tüm Kabala kitaplarını çalışarak geçirirdik. Bu aylarca sürdü.

1980 yılında soğuk, yağmurlu bir kış gecesi, Pardes Rimonim ve Tal Orot kitaplarını çalışmak yerine, çaresizlikten, kendimi de şaşırtacak şekilde arkadaşıma Bney-Barak şehrine gidip bir hoca arayalım dedim.

Orada bir hoca bulursak derslere katılmak bizim için uygun olur diye de teklifimi haklı çıkarmaya çalıştım. O güne kadar Bney-Barak şehrini sadece birkaç kere Kabala kitapları ararken ziyaret etmiştim.

O gece Bney-Barak soğuk, rüzgarlı ve yağmurluydu. Kabalist Akiva ve Hazon-İsh dört yoluna geldiğimizde camı indirip sokağın öteki tarafında uzun siyah palto giymiş bir adama seslendim: "Buralarda nerede Kabala çalışırlar bana söyler misin?" Dinci bir mahallenin ne tür bir atmosferi olduğunu bilmeyenler için bu sorunun kulağa çok garip geleceğini söyleyebilirim. Kabala hiçbir dini eğitim okulunda öğretilmiyordu. Hatta Kabala'ya ilgi duyduğunu başkasına söyleyecek kişiler bile bulmak mümkün değildi. Ancak sokağın karşı tarafında duran bu yabancı, sanki hiç şaşırmamışçasına bana cevap verdi: "Sola dön ve turunç bahçelerine gelene kadar devam et, orada bir bina var. Orada Kabala öğretiyorlar."

Tarif edilen yere geldiğimizde karanlık bir bina bulduk. İçeriye girdiğimizde yan bir odada uzun bir masa gördük. Masada dört beş tane uzun ak sakallı adam vardı. Kendimi tanıttım ve Rehovot'tan geldiğimizi söyleyip Kabala çalışmak istediğimizi ekledim. Masanın başında oturan yaşlı adam bizi katılmaya davet etti ve ders bittikten sonra konuşuruz dedi.

Sonra ders Zohar Kitabı'ndan Sulam tefsiriyle bir bölüm okuyarak, yarı Aşkenazi (Yidiş) dili mırıldanarak ve sadece yarı bakışlarla insanların birbirlerini anladığı bir ortamda devam etti.

Bu insanları görüp dinledikten sonra sadece yaşlılıklarını geçirmek için bir araya gelen bir grup adam sandım, henüz akşam fazla geç değildi ve Kabala çalışabileceğimiz bir yer daha bulmak için zamanımız vardı. Ama arkadaşım beni durdurdu ve bu kadar kaba davranmamın uygun olmadığını söyledi. Birkaç dakika sonra da ders sona ermişti ve yaşlı adam kim olduğumuzu öğrendikten sonra telefon numaralarımızı istedi. Bizim için uygun bir hocanın kim olabileceğini düşünüp haber vereceğini söyledi. Bunun da çabamızı daha önceleri gibi boşa harcamaktan başka bir şey olmayacağını düşündüğümden telefon numaramı vermekte biraz çekingendim. Benim tereddüdümü hisseden arkadaşım kendi numarasını verdi. Ve iyi akşamlar diyerek oradan ayrıldık.

Ertesi akşam arkadaşım evime geldi ve yaşlı adamın kendisini arayıp bize bir hoca ayarladığını ve hatta ilk dersin o akşam olduğunu söyledi. Bir geceyi tekrar boşa geçirmek istemiyordum ama arkadaşımın arzusuna boyun eğdim.

Tekrar oraya gittik. Yaşlı adam bir başkasını çağırdı, kendisinden biraz daha genç fakat onun gibi beyaz sakallı biri; genç adama Yidiş dilinde birkaç kelime söyledi ve ayrılarak bizi yalnız bıraktı. Hocamız hemen oturup çalışmaya başlayalım dedi. Bir makale ile başlamayı tavsiye etti "Kabala'ya Giriş"; ben ve arkadaşım bu makaleyi daha önce defalarca anlamaya çalışmıştık.

Boş odadaki masalardan birine oturduk. Bizlere her paragrafı açıklayarak tek tek okumaya başladı. O anı hatırlamak benim için her zaman çok zordur; yıllarca arayıp da hiçbir yerde bulamadıktan sonra sonunda aradığımı bulduğuma dair keskin bir his vardı içimde. Dersin sonunda bir sonraki gün için ders ayarladık.

Ertesi gün bir kayıt cihazıyla geldim. Esas derslerin her sabah saat 3 ile 6 arasında olduğunu öğrendikten sonra, her gece gelmeye başladık. Ayrıca her ay yeni ayı kutlama yemeklerine de katılmaya başladık ve herkes gibi merkezin masraflarına katkıda bulunup aylık ödemelerimizi yapmaya başladık.

Her şeyi ille de kendim keşfedeceğim arzusuyla genellikle de biraz agresif olarak sık sık tartışmalara girdim. Ve bizlerle olan tüm olaylar grubun hocasına hep gidiyordu ve o da bizler hakkında sürekli soru soruyormuş. Bir gün bizim hocamız sabah dersinden sonra saat 7 gibi grubun büyük hocasının benimle "Zohar Kitabı'na Giriş" kitabını çalışabileceğini söyledi. Ancak, birkaç ders sonra benim bu derslerden hiçbir şey anlamadığımı görünce, kendi hocam aracılığıyla bu derslerin durdurulacağını söyledi.

Hiçbir şey anlamamama rağmen onunla çalışmaya devam etmeye razıydım. İçsel anlamlarına inebilme ihtiyacının dürtüsüyle, sadece mekanik olarak okumaya bile hazırdım. Çok alınmama rağmen zamanımın gelmediğini bilmiş olsa gerek ki dersleri sona erdirdi.

Aradan altı yedi ay geçti ve bizim hocamız vasıtasıyla büyük hocamız onu arabamla doktora götürüp götüremeyeceğimi sormuş. Elbette hemen kabul ettim. Yolda bana bir çok konudan bahsetti. Ben ise ona Kabala ile ilgili sorular sormaya çalışıyordum. Ve o yolculukta bana, şu an ben hiçbir şey anlamıyorken benimle her şeyden konuşabileceğini ama gelecekte anlamaya başladıkça benimle bu kadar açık konuşmayacağını söyledi.

Ve aynen söylediği gibi oldu. Yıllarca sorularıma cevap vermedi bana şöyle derdi "Kimden talep edeceğini biliyorsun" yani Yaradan'dan bahsediyordu, "talep et, sor, yalvar, iste, ne istiyorsan yap, her şeyi O'na yönlendir ve her şeyi O'ndan talep et!"

Doktor ziyaretlerimiz pek bir işe yaramadı ve kendisini kulak iltihabından koca bir ay hastaneye yatırmak zorunda kaldık. Bu zamana kadar hocamı bir çok kez doktora götürdüm; ve hastaneye alındığı gün geceyi onun yanında geçirmeye karar verdim. Tüm bir ay boyunca hastaneye sabah 4'de gelir, telleri tırmanır, görünmeden binaya girerdim ve çalışmaya başlardık. Tüm bir ay boyunca! O zamandan sonra Kabalist Baruh Şalom Halevi Aşlag, Baal HaSulam'ın en büyük oğlu, benim hocam oldu.

Hastaneden ayrıldıktan sonra, sık sık parklara uzun yürüyüşlere gittik. Bu yürüyüşlerden döndükten sonra duyduğum her şeyi harıl harıl yazardım. Bu sık yürüyüşler her gün üç dört saat sürerdi ve zaman içinde alışkanlık oldu.

İlk iki yıl boyunca hocama sürekli daha yakına taşınabilir miyim diye sordum, ama yakında oturmamın bir gereklilik olmadığını hatta Rehovot'a gidiş gelişlerimin manevi çalışma açısından çaba olduğunu söyledi. Ancak, iki yıl sonra hocam yakına taşınmamı ve Bney-Barak'ta yaşamamı kendisi tavsiye etti ve nedendir bilinmez pek bir acelem yoktu. O kadar yavaş hareket ediyordum ki bu konuda, hocam gidip benim için kendisine yakın bir apartman dairesi buldu ve taşınmamı söyledi.

Hâlâ Rehovot'ta yaşarken hocama daha önce katıldığım bir merkezde Kabala çalışmaya teşebbüs eden birkaç kişiye ders verebilir miyim diye sordum. Bu haberi fazla heyecanlı karşılamasa da daha sonraları derslerimin nasıl gittiğini sordu. Kendisine Bney-Barak'taki grubumuza yeni kişileri davet edebileceğimi söylediğim zaman kabul etti.

Sonuç olarak bir çok genç erkek grubumuza katıldı ve birden tüm merkez cıvıl cıvıl hayat dolu bir yer oldu. İlk altı ayda yaklaşık on kadar düğün oldu. Hocamın hayatı ve günleri sanki yeni bir anlam kazanmıştı. Birçok insanın Kabala çalışmak istediğini görmesi kendisini çok memnun etmişti.

Günümüz genellikle sabah saat 3'de başlardı ve sabah saat 6'ya kadar çalışırdık. Her gün sabah saat 9'dan 12'ye kadar parka yürüyüşe ya da denize giderdik.

Döndükten sonra ben evime çalışmaya giderdim. Sonra tekrar eve giderdim ve sabah saat 3'de tekrar derse katılırdım. Bu şekilde yıllarca devam ettik. Tüm dersleri kasete kayıt ederdim. derslerin kayıtları bini geçti.

Son beş yılımızda, 1987'den itibaren, hocam beraber Tiberias'a yolculuk etmemizin iyi olacağını söyledi ve her iki haftada bir iki günlüğüne Tiberias'a giderdik. Bizi herkesten ayıran bu geziler aramızda bir yakınlaşmaya sebep oldu. Ama zamanla aramızdaki manevi algılayışın farkından kaynaklanan mesafe içimde giderek büyümeye başladı ve bu mesafeyi nasıl kapatacağımı bir türlü bilemedim. Bu mesafeyi, o yaşlı adamın her defasında fiziksel bir ihtiyacı nasıl geri çevirerek mutlu olduğunu net olarak algılayabildiğimde görebiliyordum.

Onun için sonucun net olduğu bir şey kanundu, ister yorgun olsun ister hasta günlük çalışma programı son derece disiplinli uygulanıyordu. Yorgunluktan yığılacak bile olsa günün gerekli olan tüm planını her detayıyla eksiksiz yerine getirirdi ve üstlendiği hiçbir şeyi tam halletmeden bırakmazdı. Yorgunluktan nefessiz kalıp, nefes darlığı çekmesine rağmen bir dersini bile atlatmaz, sorumluluğunu hiçbir zaman bir başkasına devretmezdi.

Onun bu olağanüstü gücünün, amacının yüceliğinden ve Yaradan'dan geldiğini bilmeme rağmen, onu sürekli böyle gördüğümde kendime olan güvenim sarsılır ve başarılı olma ihtimalimin olmadığını düşünürdüm.

Onunla T'veria ve Meron dağına yaptığımız gezilerin bir anını bile unutmam mümkün değil. Uzun geceler onun karşısında oturur, bakışlarını, sözlerini ve mırıldandığı şarkıları içime alırdım. Bu hatıralar içimde hâlâ yaşıyor ve bugün bile benim yolumu belirleyip rehberlik ediyorlar. On iki yıl boyunca her gün bire bir çalışmamızdan içimde kalan tüm bilgi, bağımsız olarak yaşıyor ve işliyor.

Sık sık hocam bir konuşmasından sonra çok alakasız bir cümle söylerdi ve bunu bu cümlelerin dünyaya girip yaşaması ve işlevlerini yerine getirdiğinden emin olmak için yaptığını söylerdi.

Grup çalışması Kabalistler tarafından çok eski zamanlardan beri yapılmaktadır ve ben de hocamdan yeni gelenlerden böyle gruplar oluşturmasını ve bu grupların bir araya gelmelerini düzenleyecek yazılı bir plan talep ettim. Bu şekilde haftalık makale yazmaya başladı ve hayatının son günlerine kadar da devam etti.

Sonuç olarak bizlere kendisinden sonra bir araya getirdiğimiz bir çok ciltlik muazzam materyal kaldı ve yıllar boyunca biriktirdiğim kayıtlarla birlikte, Kabala ilmi üzerine çok geniş kapsamlı anlatımlar oluşturduk.

Yeni yıl kutlamaları esnasında, hocam aniden göğsündeki bir baskıdan dolayı rahatsızlandı. Ancak çok yoğun ısrardan sonra tıbbi bakıma girdi. Doktorlar kendisinde hiçbir hastalık ya da rahatsızlık bulamadılar, ama Tişrei ayının beşinci gününde 5752 (1991) yılında vefat etti.

Son yıllarda gruba katılan bir çok öğrenci hâlâ Kabala çalışmaya devam etmekte ve yaratılışın içsel anlamını araştırmaktadır. Öğreti yaşamaya devam etmektedir, tıpkı geçmiş yüz yıllarda olduğu gibi. Kabalist Yehuda Aşlag ve onun büyük oğlu, hocam Kabalist Baruh Aşlag, çabalarıyla bu öğretiyi bizim neslimizin ve zamanımızda dünyamıza inen ruhların ihtiyacına göre uyarladılar.

Manevi bilgi Kabaliste Yukarıdan kelimeler olmadan aktarılır ve tüm duyu organları ve akıl tarafından eş zamanlı algılanır. Dolayısıyla, bütünüyle anında algılanır.

Bu bilgi sadece bir Kabalistten, ya aynı ya da daha Üst Seviyedeki bir başka Kabaliste aktarılabilir. Aynı bilgiyi henüz o manevi seviyeye ya da manevi dünyaya gelmemiş bir insana aktarmak mümkün değildir, çünkü bu kişi gerekli algıdan yoksundur.

Bazen bir hoca kendi perdesiyle (Masah) öğrencisini geçici olarak kendi bulunduğu manevi seviyeye çekebilir. Bu durumda, öğrenci manevi güçlerin ve hareketlerin özüyle ilgili bir nosyon edinebilir.

Manevi dünyaya henüz geçmemiş bir kişi için standart bilgi aktarım yöntemleri uygulanır: yazılar, sözlü anlatım, direkt iletişim, kişisel örnek vs.

"Yaradan'ın İsimleri" adlı makaleden de bildiğimiz gibi harflerin tarifi anlamının ötesinde bir şey, yani içsel manevi mesajı aktarmak için kullanılabilir. Ancak kişi manevi anlamlarına tekabül eden algıları edinmediği sürece, kelimeleri okumak masaya boş tabaklar koymak ve yanlarına güzel yemeklerin isimlerini yazmak gibidir.

Müzik daha soyut bir şekilde bilgi aktarmaktadır. Bizim dünyamızı yöneten ve yedi kısımdan ya da Sefirot'tan oluşan manevi varlık "Atsilut'un Partsuf Zer Anpin'i" gerçeğinin ışığı altında, tıpkı görünebilen bir ışık gibi, yedi temel güç -nitelik- tondadır.

Bulunduğu duruma göre, kişi müziği besteleyen Kabalistin manevi koşullarını çıkarabilir. Bu kişi melodiyi oluşturan Kabalistle aynı seviyede olmak zorunda değildir; içsel manasını kişisel manevi derecesinin mümkün kıldığı kadarıyla kavrayabilir.

1996, 1998 ve 2000 yıllarında Baal HaSulam ve Rabaş'a ait üç müzik diski kaydedilmiş ve çıkartılmıştır. Melodiler Kabalist Laitman'ın hocası Kabalist Aşlag'dan duyduğu şekilde sunulmuştur. Sözlere ek olarak, melodilerin sesleri de bir çok Kabalistik bilgi taşımaktadır.

Kabala Bilimi - Herkes İçin Manevi İlim Kitabı

Çağımızın büyük Kabalistlerinden Yehuda Aşlag ve onun oğlu ve varisi Baruh Şalom Aşlag, yaşamın temel sorusuna cevap getirir: Hayatımın anlamı ne? Zohar ve Yaşam Ağacı kitaplarının yorumlarına dayandırılan bu kitapla günlük yaşamda Kabala ilminden nasıl faydalanacağımızı öğreniriz. Büyük Kabalistlerin otantik metinlerine ilave olarak, bu kitap, bu metinlerin anlaşılmasını sağlayan pek çok yardımcı makaleyle birlikte, Kabalistlerin deneyimlediği Üst Dünyaların evrimini betimleyen çizimlerden oluşur.

Kabala Bilimi kitabında, Baruh Aşlag'ın kişisel asistanı ve baş öğrencisi Michael Laitman, manevi dünyaları edinmeyi amaçlayan Kabala öğrencileri için kadim makaleleri uyarlamıştır. Laitman günlük derslerini bu ilham verici makalelere dayandırarak, Üst Alemlere muhteşem yolculuğumuzda izleyeceğimiz manevi yolu daha iyi anlamamız için bizlere yardımcı olur.

Merdivenin Sahibi

İnsanlık tarihinin en yıkıcı çağının şafağında, 20. yüzyılda, gizemli bir adam insanlık ve onun acılarının alışılmadık çözümüyle, sosyo-politik arenada ortaya çıktı. Kabalist Yehuda Ashlag, yazılarında açıklıkla ve tüm detaylarıyla öngördüğü savaşları, karışıklıkları ve daha çarpıcı olarak da bugün yüz yüze kaldığımız ekonomik, politik ve sosyal krizi anlattı. Birleşmiş bir insanlık için duyduğu derin özlem, onu Zohar Kitabını açmaya -ondaki eşsiz gücü- herkes için ulaşılabilir yapmaya zorladı.

Kabalist, kabala, maneviyat, özgür seçim ve realitenin algısıyla ilgili bildiğinizi düşündüğünüz her şeye arkasını dönen, sinematik bir romandır. En yüksek edinim derecesine ulaşmış, tüm realiteye hükmeden tek güçle direkt temas içindeki insanın, hissiyatını ve içsel çalışmasını aktarmaya çalışan kendi türündeki ilk romanıdır.

Kabalist, bilimsel bir açıklık ve şiirsel bir derinlikle birlik mesajı verir. Dinin, milliyetin, mistisizmin, uzay ve zamanın şeffaf yapısının ötesine geçerek, bize tüm insanlıkla beraber doğayla ahenk içinde olduğumuzda, tek mucizenin içimizdeki mucize olduğunu gösterir. Bize hepimizin Kabalist olabileceğini gösterir.

Ölümsüz Kitabın Sırları

Musa'nın beş kitabı, tüm zamanların en çok satan kitabı Tora'nın parçasıdır. Bu şekliyle Tora, şifreli bir metindir. Masalların ve efsanelerin altında, insanlığın en yüksek seviyeye doğru yükselişini— Yaradan'ın edinimi- anlatan bir alt metin saklıdır.

Ölümsüz Kitabın Sırları, Tora'nın Yaratılış ve İsrail Halkının Mısır'dan sürgünü hikayeleri gibi en gizemli ve sıklıkla alıntı yapılan dönemlerinin şifresini çözer. Yazarın enerjik ve kolay anlaşılır üslubu, insanın kendi dünyasını sadece arzu ve niyetle değiştirebildiği realitenin en derin seviyelerine, mükemmel bir giriş yapmanızı sağlar.

Kitabı okurken Tora'da anlatıldığı gibi olmuş veya olmamış fiziksel olayların seviyesinin ötesine geçiş yapacaksınız. İçinizde Firavun, Musa, Adem, Havva, hatta Habil ve Kabil'in olduğunu keşfedeceksiniz. Onların hepsi sizin bir parçanız. Onları içinizde keşfettikçe ve Ölümsüz Sevgiye, Yaradan'ın edinimine doğru ilerledikçe, bu gizli realitenin muhteşem hazineleriyle bizi ödüllendiren Yaradan'ın sonsuz sevgisini de keşfedeceksiniz.

Kişisel Çıkar Özgecilliğe Karşı

Bu kelimelerin yazıldığı zaman, dünya hala İkinci Dünya Savaşından beri en uzun gerileme sürecini geçiriyor. Tüm dünyada on milyonlarca insan, işlerini, birikimlerini, evlerini ve en önemlisi gelecekleri için olan ümitlerini kaybettiler.

Ancak krizler tarih boyunca sürekli olağandı. Bu krizi geçmiş krizlere kıyasla farklı kılan insanoğlunun şu anki gerginliğinin yapısıdır. Toplumumuz çatışma içeren iki uç noktaya doğru çekilmiştir – bir taraftan globalleşme ile gelen bağımlılık ve öteki taraftan da giderek büyüyen kişisel, sosyal ve politik narsizm. Bu koşul dünyanın daha önce hiç görmediği bir felaketin oluşumu!

Bu karanlık geleceğin önüne geçebilmek için, Kişisel Çıkar Özgeciliğe Karşı, bu dönemde dünyanın önünde bulunan sorunlarına yeni bir perspektif getirerek, insanoğlunun bir dizi hatasına bağlamaktansa, gereklilikten büyüyen egoizminin sonucu olarak değerlendirmektedir. Bu anlayışla, kitap egomuzu bastırmak yerine, toplumun iyiliği için kullanmanın gerekliliğini dile getirmektedir.

Kabala ve Bilim

Prof. Michael Laitman eşsiz ve etkileyici bir kişilik: Kabala ve bilimin sentezini anlaşılır bir şekilde gerçekleştiren yetenekli bir bilimadamı

—Daniel Matt, Tanrı ve Big Bang kitabının yazarı: Bilim, maneviyat ve Zohar arasındaki harmoniyi keşfetmek.

Bu gezegendeki geleceğimiz için kritik tercihler yapacağımız bir dönemde, kadim Kabala bilgeliği seçeneklerimizi hem arttırdı hem de yeniledi. Klasik kutsal yazılarda yer alan bilgelik, yüzleşmekte olduğumuz ve önümüze açılan fırsatları taşıyabilmemiz için getirilmeli ve bu mesaj tüm dünyada tüm insanlara ulaşılabilir yapılmalı. Prof. Michael Laitman, diğerlerinden farklı olarak bu çok önemli meydan okumayı başarmaya ve bu tarihi görevi yerine getirmeye yetecek güçtedir.

—Prof. Ervin Laszlo, Kaos Noktası, Bilim ve Akaşik Alan kitabı da dahil 72 kitabın yazar : Herşeyin Birleşik Teorisi

Kadın ve Kabala

Bir arzu sonucu ortaya çıkanı ellerinizde tutuyorsunuz. Birçok kadın bir araya gelerek, yeni gelen bütün kadınlara Kabala çalışmasında yardımcı olabilmek için bu kitapçık üzerinde çalıştı. Toplanan soruların tümü Bney Baruh Kabala Eğitim Merkezine yeni başlamış olan kadın öğrencilerin sordukları sorulardan olulmaktadır. Cevaplar Dr. Laitman'ın kitaplarından, derslerinden ve konuşmalarından alınmıştır. Sorulan sorular bizim maneviyatı edinmek isteme ihtiyacımızdan ortaya çıkmıştır: bizler buna açız, kalplerimiz bunun ağırlığında haykırıyor. Bizler kendimizi her şeyi yapabilecek duruma hazır, amaca doğru erkeklerimizi desteklemeye hazır buluyoruz.

Dr. Laitman bize der ki: "Kadınların karşılıklı sorumluluk hissiyatı içerisinde erkekleri uyandırmak ve onları bir araya getirmek için bağ kurmaları gerekir ki, erkekler birbirleri ile bağ kursunlar ve bu birlik sayesinde maneviyata erişsinler. Daha sonra erkekler arasındaki bu bağ ve karşılıklı sorumluluk sayesinde maneviyat kadınlara da geçecektir. Bunun sonucunda herkes bir bütün olacaktır –ulusun erkek ve dişi parçası veya bütün insanlığın."

Işığın Tadı

"Bu nesilde bulunduğum için mutluyum zira artık Kabala Bilgeliğini yaymak mümkün."

Kabalist Yehuda Aşlag – Baal HaSulam

Binlerce yılın sonunda gizli olan Kabala Bilgeliği bizim neslimizde ifşa olmaya başladı. "Işığın Tadı" adlı bu kitap bilgeliğin üzerine bir pencere açmakta. Kitap, günümüzün her bireyi için ilk defa duygularında tadacağı bir lezzet ve kalplerinde yoğun bir anlayış sağlayacaktır.

Bu kitap neslimizin en yüce kabalisti Dr. Michael Laitman'ın her sabah verdiği canlı derslerden derlenmiştir.

Kabalanın Sesi

Bizim neslimizin en sonuncusu olan Büyük Kabalist Baruh Aşlag'ın öğrencisi ve kişisel asistanı olmak benim için çok büyük bir ayrıcalıktır. Basitçe söylemek gerekirse, tüm içtenlik ve sevgimle ondan öğrendiklerimi okuyucularla paylaşmaktan çok mutlu olacağım.

Dr. Michael Laitman

Kabala'nin Sesi, Kabala makalelerinden seçilerek ve derlenerek hazırlanmış olup, bu otantik bilgeliğin zengin ve tam bir mozaiğini meydana getiren on bölümden oluşmaktadır.

Bir Demet Başak Gibi

Neden Birlik ve Karşılıklı Sorumluluk Bu Zamanın Çağrısıdır

Bu kitap, bazı Yahudilerin en ürkütücü ve gizemli sorularına ışık tutar: Bu gezegendeki rolümüz nedir? Bizler gerçekten "seçilmiş insanlar mıyız?" Eğer öyle isek, ne için seçildik? Anti-Semitizme neden olan nedir ve bu iyileştirilebilir mi?

Tüm zamanların Yahudi tarihçileri ve bilgelerinin sayısız referansının kullanıldığı bu kitap, Yahudilerin ulaşmak istediği ama bir o kadarda tanımlaması zor hedefini yerine getirmek için bir yol haritası sunar: sosyal bağlılık ve birlik. Gerçekte birlik, yalnızca Yahudilerin bunu sabırsızlıkla bekleyen dünyaya vereceği bir hediyedir.

Birlik olduğumuzda ve bunu tüm dünyayla paylaştığımızda huzur, kardeş sevgisi ve mutluluk tüm dünyada sonsuza kadar hüküm sürer.

Kabalaya Uyanış

Dünyanız değişmeye hazır. Bu neslin en büyük Kabalistinin rehberliğinde sizde bunu gerçekleştirin. Micheal Laitman, Kabalayı Yaradan'a yaklaşmayı sağlayan bir bilim olarak görür. Kabala yaratılış sistemini, Yaradan'ın bu sistemi nasıl yönettiğini ve yaratılışın bu seviyeye nasıl yükseleceğini çalışır. Kabala manevi doyuma ulaşma metodudur. Kabala çalışması ile siz de kalbinizi ve sonuç olarak yaşamınız başarıya, huzura ve mutluluğa doğru nasıl yönlendireceğinizi öğrenirsiniz.

Kadim ilim geleneğine bu farklı, özel ve hayranlık uyandıran girişiyle büyük Kabalist Baruh Aşlag (Rabaş)'ın öğrencisi Laitman bu kitapta, size Kabalanın temel öğretilerinin derin anlayışını ve bu ilmi başkalarıyla ve etrafınızdaki dünyayla ilişkilerinizi netleştirmek için nasıl kullanacağınızı anlatır. Hem bilimsel hem de şiirsel bir dil kullanarak, maneviyatın ve varoluşun en önemli sorularını araştırır:

Hayatımın anlamı ne? Neden dünyada keder var? Reenkarnasyon manevi yaşamın bir parçası mı? Mümkün olan en iyi varoluş aşamasını nasıl edinebilirim?

Bu eşsiz rehber, dünyanın ötesini ve günlük hayatın sınırlamalarını görmeniz, Yaradan'a yaklaşmanız ve ruhun derinliklerine ulaşmanız için size ilham verecek.

Erdemliliğin Yolu

Bugün Kabala Bilgeliğinin insanlığa bir mesajı var:

Günümüzün sorunlarını ancak birlik ve beraberlikle çözüme ulaştırabiliriz. Problemler raslantısal değil, onları gözardı etmemeliyiz. Dahası, oluşan durumu doğru bir biçimde değerlendirebilirsek hayatımız yeni, mutluluk ve sükunet dolu bir yöne akmaya başlayacaktır. Gelişi güzel değil, gayet bilinçli bir şekilde yaşamımıza yön verebiliriz.

Üst Dünyaları Edinmek

Micheal Laitman'ın sözleriyle, "Özü tam bir özgecilik ve sevgi olan manevi nitelikleri anlamak, insan idrakinin ötesindedir. Bunun sebebi insanoğlunun bu tip hislerin var olabileceğini kavrayamaması ve herhangi bir eylemi yerine getirmek için teşvik bekleyip, kişisel kazanç olmadan kendini büyütmeye hazır olmamasından kaynaklanmaktadır. Bu sebeple özgecilik gibi bir nitelik, insana Üstten verilir ve sadece deneyimleyenler bunu anlayabilir."

Üst Dünyaları Edinmek, yaşamımızda manevi yükselişin muhteşem doyumunu keşfetmemize olanak sağlayan ilk adımdır. Bu kitap, sorularına cevap arayan ve dünya fenomenini anlamak için güvenilir ve akılcı bir yol arayan tüm insanlar içindir. Kabala ilmine bu muhteşem giriş, aklı aydınlatacak, kalbi canlandıracak ve okuyucuyu ruhunun derinliklerine götürecek olan farkındalığı sağlar.

Zoharın Kilidini Açmak

Zohar Kitabı(Aydınlığın Kitabı), şimdiye kadar yazılmış en gizemli ve yanlış anlaşılan yapıtlardan biridir. Yıllar boyunca kendinde uyandırdığı hayranlık, şaşkınlık ve hatta korku emsalsizdir. Bu kitap tüm Yaratılışın sırlarını içermesine rağmen, bugüne kadar bu sırların üzeri bir gizem bulutuyla örtülmüştür.

Şimdi Zohar, insanlığa yol göstermek için ilmini tüm dünyanın gözler önüne sermektedir, şöyle yazıldığı gibi (VaYera, madde 460), "Mesih'in günleri yaklaştıkça, çocuklar bile ilmin sırlarını keşfedecek." 20. Yüzyılın büyük Kabalistlerinden Yehuda Aşlag (1884-1954), bize Zohar'ın sırların açığa çıkaracak yepyeni bir yol göstermiştir. Bu yüce Kabalist, yaşamlarımıza hükmeden güçleri bilmemize yardım edecek ve kaderimize nasıl hükmedeceğimizi öğretecek, Zohar Kitabına giriş niteliğindeki dört kitabı ve Sulam (Merdiven) Tefsirini yazmıştır.

Zohar'ın Kilidini Açmak, üst dünyalara nihai yolculuğun davetiyesidir. Kabalist Dr. Michael Laitman, bilgece bizi Sulam Tefsirinin ifşasına götürür. Bu şekilde Laitman, düşüncelerimizi düzenlemekte ve kitabı okumaktan kaynaklanan manevi kazancımızı arttırmaktadır. Zohar Kitabıyla ilgili açıklamaların yanı sıra kitap, bu güçlü metnin kolay anlaşılması ve okunmasını sağlayan, özenle çevrilmiş ve derlenmiş Zohar kaynaklı sayısız ilham verici alıntıya da yer vermiştir.

Kalpteki Nokta

Hayatın elimizden kayıp gittiğini hissettiğimizde, toparlanmak için zamana ihtiyacınız olduğunda ve düşüncelerinizle baş başa kalmak istediğinizde, bu kitap içinizdeki pusulayı yeniden keşfetmenize yardım edecek. Kalpteki Nokta, ilmi sayesinde tüm dünyada ve Kuzey Amerika'da kendini ona adamış öğrenciler kazanmış bu insanın makalelerinden oluşan eşsiz bir kitaptır. Dr. Michael Laitman bir bilim adamı, Kabalist ve büyük saygı uyandırarak kadim ilmi temsil eden büyük bir düşünürdür. Bu fırtınalı günlerde popüler www.kabbalah.info sitesi vasıtasıyla, gerçeği ve sonsuz huzuru arayanlar için umut ışığı olmaktadır.

Açık Kitap

Bu kitap çok temel görünse de, Kabala'nın temel bilgisini ifade eden bir kitap olma niyetini taşımıyor. Daha ziyade, okuyucuların Kabala kavramlarına, manevi nesnelere ve manevi terimlere yaklaşımını ilerletmeye yardım içindir.

Kişi bu kitabı defalarca okuyarak içsel görüş ve duyu geliştirir ve daha önce içinde var olmayana yaklaşır. Bu yeni edinilen görüşler, sıradan duyularımızdan gizlenmiş olan boşluğu hisseden algılayıcılar gibidirler.

Dolayısıyla, bu kitap manevi terimlerin düşüncesini geliştirmeye yardım amaçlıdır. Bu terimlerle bütünleştiğimiz ölçüde, tıpkı bir sisin kalktığı gibi, etrafımızı saran manevi yapının ortaya çıkışını içsel gücümüzle görmeye başlayabiliriz.

Yine, bu kitap olguların çalışılmasını hedeflememiştir. Bunun yerine, yeni başlayanların sahip oldukları en derin ve en güç algılanan hisleri uyandırmak için yazılmış bir kitaptır.

Dost Sevgisi

Grubun Amacı

Burada, Baal HaSulam'ın yolunu ve metodunu takip etmek isteyen herkes, bir grup olmak için bir araya geldik ki hayvan olarak kalmayalım ve insan denilen varlığın derecelerinde yükselelim.

Rabaş'ın Yazıları, 1. Bölüm, "Topluluğun Amacı"

Erdemliliğin İncileri

Erdemliğin İncileri, tüm nesillerin büyük Kabalistlerinin yazılarından, makalelerinden özellikle de Zohar Kitabının Sulam(Merdiven) Tefsirinin yazarı Yehuda Aşlag'dan derlenen alıntılardan oluşur. Bu yapıt, kaynağı referans alarak, insan yaşamının her aşamasıyla ilgili Kabalanın yenilikçi kavramlarını açıklar. Kabala çalışmak isteyen herkes için eşsiz bir hediyedir.

İlişkiler

"Bilim ve kültürün gelişiminin yanı sıra, her nesil kendinden sonra gelen nesle, biriktirdiği ortak insanlık tecrübesini aktarır. Bu bellek bir nesilden diğerine, çürümüş bir tohumun enerjisinin yeni bir filize geçmesi gibi geçer. Belleğin aktarımında var olan tek şey, Reşimo veya enerjidir. Maddenin çürümesi gibi, insan bedeni de çürür ve tüm bilgi yükselen ruha aktarılır. Daha sonra bu ruh yeni bedene yerleşir ve bu bilgiyi veya Reşimo"yu hatırlar.

Genç bir çiftin çocuğunun dünyaya gelişinde tohumdan gelen bilgiyle, ölmüş bir insanın ruhunun yeni bir bedene geçerken beraberinde getirdiği bilgi, arasındaki fark nedir? Neticede anne ve baba hayatta ve çocukları da onlarla beraber yaşıyor! Hangi ruhlar, onların çocukları oldu?

Yüzyıllar boyunca tüm uluslar, doğal olarak sahip oldukları tüm bilgiyi miras yoluyla çocuklarına geçirmek için büyük bir arzu duydular. Onlara en iyi ve en değerli olanı aktarmak istediler. Bunu aktarmanın en iyi yolu yetiştirme tarzı, bilgiyi öğretmek, kutsal olduğu düşünülen fiziksel eylemler yöntemi ile düzenli toplum oluşturmaya çalışmak değildir.

Kabalanın Temel Kavramları

Bu kitabı okuyarak kişi daha önce var olmayan içsel alametler geliştirir.

Bu kitap, manevi terimlerin analizini hedefler. Bu terimlere uyumlu olmaya başladıkça, etrafımızı saran manevi yapının tıpkı bir sisin kaybolmaya başlaması gibi örtüsünü açmaya başladığına tanık oluruz.

Kabala kitapları, Baal HaSulam'ın dünyayı kötülüklerden kurtarmanın sadece ıslah metodunu yaymaya bağlı olduğunu belirten yönlendirmelerini izlemeyi amaçlamıştır, tıpkı şöyle dediği gibi, "Eğer gizli olan ilmi kitlelere nasıl yayacağımızı bilirsek, kurtuluşun tam eşiğindeki bir nesil oluruz."

Bu gerçekleştirmenin tek yolu olan Kabala kitaplarını tüm dünyayla paylaşmak olduğunu biliyoruz. Bu sebeple tüm bu kitapları internette ücretsiz olarak yayınlıyoruz. Amacımız her köşeye bu ilmi mümkün olduğunca yaymaktır. Basılmış kitapları pek çok insana ulaştırabilir, onlar vasıtasıyla ilmin başkalarına yayılmasına yardım edebilirsiniz.

Kabalanın İfşası

Kabalaya gizli ilim denilmesinin 3 nedeni vardır. Birincisi kabalistler tarafından özellikle gizlenilmiş olduğundan. Kabalanın insanlara öğretilmesi ilk 4000 yıl kadar öncelerine Hazreti İbrahim'e dayanmaktadır MÖ 1947-1948 yıllarına. Milat tarihinin başlangıcına kadar geçen 2000 yıllık süreçte bu öğreti gizlenmeden halka öğretilmekteydi. Hz İbrahim'in çadırının önünde oturup geçen yolculara gösterdiği misafirperverlik hikâyesini biliyoruz. Sunduğu yiyecek ve içeceklerle birlikte aynı zamanda insanlara bu ilmi anlattığını da biliyoruz. O dönemlerde var olan ruhlar bizim neslimize göre daha arıydılar ve bu öğretiyi daha doğal olarak anlayabildiler.

Kabalanın Gizli Bilgeliği

Artan krizler dünyasında, fırtınanın ortasında bir ışığa, yanlış giden şeylerin nereden kaynaklandığını görmemizi sağlayan ve en önemlisi de dünyamızı ve yaşamlarımızı daha huzurlu ve yaşanabilir kılmak için ne yapmamız gerektiğini öğreten bir rehbere ihtiyacımız var. Bu teme ihtiyaçlar sebebiyle bugün Kabala ilmi milyonlara ifşa olmuştur. Kabala, yaşamı geliştirme metodu olarak düzenlenmiştir. Kabala bir araç ve Kabala İlminin Gizli Bilgeliği bu aracı nasıl kullanacağımızı öğreten bir yöntemdir. Bu rehber, bu kadim bilimi günlük yaşantımıza uyarlamanın yanı sıra, Kabalanın temellerini öğrenmek için ihtiyacınız olan bilgiyi bize sunar.

Kaostan Ahenge

Kaostan Ahenge: Kabala İlmine Göre Küresel Krizin Çözümü, dünyanın bugün içinde bulunduğu endişe verici aşamasına yol açan unsurları açığa çıkarır.

Birçok araştırmacı ve bilim adamının hemfikir olduğu gibi, insanoğlunun sorunlarının kaynağı insan egosudur. Laitman'nın çığır açan yeni kitabı sadece insanlık tarihi boyunca tüm acıların kaynağı olan egonun ifşasını değil, aynı zamanda egolarımıza bağlı olarak, mutluluğa nasıl ulaşacağımızı ve sorunlarımızı nasıl fırsata dönüştüreceğimizi de açıklığa kavuşturur. Kitap iki bölümden oluşur. İlki, insan ruhunun analizi yaparak, ruhun nasıl egonun zehri olduğunu ortaya koyar. Bu kitap mutlu olmak için yapmamız gerekenlerin ve acıya sebep olduğu için kaçınmamız gerekenlerin bir haritasını çizer. Kitap boyunca Laitman'ın insanlık aşamasının analizi bilim kaynaklı veriler, çağdaş ve kadim Kabalistlerinden alınan örneklerle desteklenmiştir.

Kaostan Ahenge yeni bir varoluş aşamasına kolektif olarak yükselmemiz gerektiğini ve bu hedefi kişisel, sosyal, ulusal ve uluslararası seviyede nasıl başaracağımızı gösterir.

Niyetler

Derste otururken, sizinle beraber çalışanlar vasıtasıyla uyanan müşterek ruha bağlı olarak içsel değişimleri deneyimlersiniz. Herkes, siz de dahil, hepimizi birleştiren Kaynağa bağlanır... Beraber çalıştıkça hepimiz birbirimize bağlanmaya çalışırız. En önemli şey, herkesin aynı Kaynağa, aynı düşünceye bağlanmasıdır... Sadece bu güç bizi birbirimize bağlar.

Ruh ve Beden

Zamanın başlangıcından beri insan, varoluşun temel sorusuna cevap aramaktadır: Ben kimim, dünyanın ve benim var olmamızın sebebi ne, öldükten sonra bize ne oluyor? Hayatın anlamı ve amacı ile ilgili sorularımız, gündelik hayatın sınamaları ve acıları, küresel bir boyuta ulaştı – neden acı çekmek zorundayız? Bu sorulara cevap olmadığından, mümkün olan her yöne doğru araştırmalar yapılmaktadır.

Kadim inanç sistemleri, şimdilerde moda olan doğu öğretileri, bu arayışın bir parçasıdır. İnsanlık sürekli olarak varlığının akılcı kanıtını aramaktadır; insan binlerce yıldır doğanın kanunlarını araştırmaktadır.

Kabala bir bilim olarak bunun araştırılmasında bir yöntem öneriyor. Bu yöntem, insanın evrenin gizli olan bölümünü hissetme becerisini geliştirmesine olanak tanıyor. "Kabala" kelimesi "almak" demektir ve insanın en yüksek bilgiyi alma ve dünyayı doğru pencereden görme özlemini ifade eder.

Yarının Çocukları

Yarının Çocukları: 21. Yüzyılda Mutlu Çocuklar Yetiştirmenin Temel Esasları, siz ve çocuklarınız için yeni bir başlangıç olacaktır. Yeniden başlat düğmesine basabilmeyi ve bu sefer doğru olanı yapmayı hayal edin. Hiçbir mücadele, hiçbir sıkıntı ve en iyisi, hiçbir tahmin yok.

Büyük keşif şudur ki çocukları yetiştirmek, tamamen oyunlardan, onlarla oynamaktan, onlarla küçük yetişkinlermiş gibi ilişki kurmaktan ve tüm önemli kararları birlikte almaktan ibarettir. Çocuklara dostluk ve diğer insanların iyiliğini düşünmek gibi olumlu şeyleri öğretmekle, nasıl otomatik olarak günlük hayatınızın diğer alanlarını da etkilediğinizi görünce şaşıracaksınız.

Herhangi bir sayfayı açın ve orada, çocukların yaşamlarına ait her alana dair düşünceleri sorgulatan sözler bulacaksınız: ebeveyn – çocuk ilişkileri, dostluklar ve sürtüşmeler, okullar nasıl tasarlanır ve nasıl işler konusunda açık, net bir tablo. Bu kitap, her yerdeki tüm çocukların mutluluğunu amaç edinerek, çocukların nasıl yetiştirileceğine dair taze bir bakış açısı sunuyor.

Sonsuza Kadar Birlikte

Yani, eğer bir gün siz de kalbinizin derinlerinde, hafif bir "Şak!" hissederseniz, bilin ki şefkatli ve bilge bir sihirbaz size sesleniyor, çünkü sizin dostunuz olmak istiyor.

Ne de olsa, yalnız olmak çok üzücü olabilir.

İNTERNET AĞIMIZ

Ana sitemiz:

http://www.kabala.info.tr/

İlk internet sitemiz olup en temel dokümanların yayınlandığı portal sitemizdir. Kabala hakkında Türkçe olarak yayında olan dünyadaki en büyük doküman arşivi olarak kabul edilebilir.

Dr. Michael Laitman'ın Blog Sitesi:

http://laitman.info.tr/

Hocamız Dr. Michael Laitman'ın günlük derslerinden derlediği kısa makalelerinin yayınlandığı blog sitedir.

Bu blog sitesi şu an 19 dilde yayın yapmaktadır ve Türkiye'deki öğrenci ve dostlarımızın katkılarıyla site Türkçe olarak da yayınlanmaktadır.

Dr. Michael Laitman'ın Eğitim Sitesi:

http://michaellaitman.com/tr/

Bu sitede Dr. Michael Laitman'ın uluslararası kamuoyunda dile getirdiği güncel sorunlara yönelik sunumlarını ve bu konularla ilgili uzmanlarla yaptığı söyleşileri takip edebilirsiniz.

Dr. Laitman, eğitim metodoloji ve uygulamaları ile günümüzde eğitimin geçirdiği en sıkıntılı dönemlerde olumlu değişimi desteklemektedir. Eğitime yeni bir yaklaşım sunarak, bağımlı ve integral dünyada yaşamın gerekliliklerini için eğitime yeni bir yaklaşım sunmaktadır.

ARI Enstitü Merkezi:

http://ariresearch.org/tr/

ARI Enstitüsü, kâr amacı olmayan bir organizasyon olarak kurulmuştur. Eğitim uygulamalarına, pozitif değişime yaratıcı fikirler ve çözümlerle, şimdiki neslimizin giderek daha çok ihtiyaç duyduğu eğitim konularına kendini adamış bir organizasyondur. ARI, entegre ve birbirine bağlı yeni dünya düzeninin ve kurallarının farkına varılmasını ve küresel yeni dünyada uygulanmasını yeni bir düşünce yaklaşımı olarak sunmaktadır. İletişim ağları, multimedya kaynak ve aktiviteleriyle, ARI uluslararası ve farklı akademik çalışma grupları arasında işbirliğini desteklemektedir.

Kabala İlmi Eğitim Sitemiz:

http://em.kabala.info.tr/

Bu site internet olanakları kullanılarak en geniş kapsamlı eğitimi insanlara sunmak için yapılmıştır. İnternet ortamında bulunan sınıflar ve dünyanın en geniş kapsamlı Kabalistik metinler kütüphanesi gibi hizmetler sunan Bney Baruh'un tüm çabası, sorularınıza cevaplar bulabileceğiniz ve içinde yaşadığımız dünyayı daha iyi anlayabilmenizi sağlayacak olan bir ortam yaratabilme üzerine yoğunlaşmaktadır. Tüm kurslar ücretsizdir.

Media Arşivi:

http://kabbalahmedia.info/

Bu sitemizde yıllardır işlenmekte olan tüm ders, çalıştay ve söyleşi programlarının video ve MP3 arşivine ücretsiz olarak ulaşabilirsiniz.

Kabala TV Sitesi:

http://kabalatv.info/

Her sabah 03:00 – 06:00 arası yapılan canlı dersleri bu sitenin ana sayfasından takip edebilirsiniz. Ayrıca bu sitede Bney Baruh Kabala Eğitim Merkezi'nin Türkçe dilinde düzenlediği tüm video arşivini inceleyebilirsiniz. Bu sitede ayrıca 24 saat canlı yayın yapan TV odası ve aynı zamanda belirli zamanlarda canlı yayın yapan Radyo odasına ulaşabilirsiniz.

Sviva Tova – İyi Çevre:

http://kabbalahgroup.info/internet/tr/

Bu sitede Bney Baruh dünya topluluğu ile ilgili günlük bildirimleri takip edebilirsiniz. Bu bildirimler sayesinde tüm etkinliklerimizden haberdar olup bu etkinliklere internet üzerinden dâhil olabilirsiniz.

Ari Film:

http://www.arifilms.tv/

Ari Film yapımcılarının Kabala İlmi hakkında gerçekleştirmiş oldukları tüm sinema ve video çalışmalarına bu site aracılığıyla ulaşabilirsiniz.

Kitap Sitemiz:

http://www.kabbalahbooks.info/

30 farklı dilde yayınlanmış tüm kitapları bu sitede inceleyebilirsiniz.

Müzik Sitemiz:

http://musicofkabbalah.com/

Her birimiz müziği farklı algılarız. İki kişinin aynı melodiyi nasıl algıladığını karşılaştırmak mümkün değildir. Kabala, ruhun ilmi, bu nedenden dolayı kişiye özeldir. Kabala ruhun tümüyle açılıp, yaratıldığı zaman içinde mevcut olan mutlak potansiyeline ulaşması için bir yoldur.

Bu sitede yer alan melodiler, çok büyük kabalistlerden biri olan Baal HaSulam ve geçmişteki Kabalistlerin yaptıkları bestelerin farklı değişimleriyle düzenlenmesinden oluşmuştur. Ziyaretçiler ayrıca müzik ve Kabala ile ilgili bazı materyallere bağlantı bulabilirler.

Sosyal Ağlar:

Tüm sosyal ağlarımızın kısa linklerine sitelerimize girerek ulaşabilirsiniz.

Katkı Sunun

Kabala İlmi bir grup çalışmasıdır. Dünya'nın birçok ülkesinde grupları bulunan Bney Baruh Kabala Eğitim Enstitüsü tüm faaliyetlerini öğrencilerinin gönüllü katkıları ile sürdürmektedir. Bu katkılar bireylerin niteliklerine göre değişmektedir. Sitemizde de incelediğiniz gibi Bney Baruh, prensipleri gereği, kullanılabilecek tüm Öğrenim Araçları ile Manevi Bilgi'yi öncesinde hiç bir ön koşul öne sürmeden tüm insanlığa ücretsiz olarak götürmeyi kendisine ilke edinmiştir.

Bu doğrultuda Manevi Dağıtıma katkı sunmak isteyenler **turkish@kabbalah.info** adresine yazarak Bney Baruh ile iletişime geçebilirler.

NOTLARIM

www.ingramcontent.com/pod-product-compliance
Lightning Source LLC
Chambersburg PA
CBHW071024080526
44587CB00015B/2486